성장과 분배 그러나 공정

성진근 지음

도서출판 해남

성장과 분배 그러나 공정

초판1쇄 발행 2021년 7월 15일
초판2쇄 인쇄 2021년 7월 19일
초판2쇄 발행 2021년 7월 23일

저　자 성진근
발행인 노현철
발행처 도서출판 해남

출판등록 1995. 5. 10 제 1-1885호
주　　소 서울특별시 마포구 마포대로8길 9 영명빌딩 405호
전　　화 739-4822 **팩스** 720-4823
이 메 일 haenamin30@naver.com
홈페이지 www.hpub.co.kr

ISBN 978-89-6238-155-9 03320

왜 이 글을 쓰는가?

삼성 이건희 회장의 별세 이후, 유산 총액의 60%에 해당하는 16조 원 규모의 상속재산 사회환원계획이 발표되었다.

과연 16조 원이란 얼마나 큰 돈인가? 가난한 북한 주민 2,500만 명이 1년 동안 일해서 벌어들이는 돈(명목 GNI)의 40%에 해당하는 금액이다. 사업보국(事業報國)을 내세웠던 창업주 이병철의 유지를 이어나가는 착하고 아름다운 일이 우리의 가슴을 훈훈하게 한다.

그리고 며칠 뒤, KBS '시사기획 창'에서는 월급 160만 원의 근로자가 밀린 임금 1,200만 원을 받아내기 위해서 노동사무소, 법원을 오가는 피곤하고 어려운 현장 모습이 방영되었다. 점심식사도 컵라면으로 때워가면서 일한 임금을 제때, 제대로 받지 못하는 많은 사람들이 여전히 우리 사회의 구석구석에서 힘들게 살아가고 있다.

과연 우리 사회는 좋은 사회인가?

그리고 우리나라는 좋은 방향으로 나아가고 있는가?

2020년 우리나라 국내 총생산(GDP)은 드디어 세계 10위로 올라섰다. 그리고 '50-30 클럽'의 일원이 되었다. 인구 5,000만 명 이상, 1인당 국민소득 3만 달러 이상의 크고 잘 사는 7개국(미국, 일본, 독일, 영국, 프랑스, 이탈리아, 한국)에 당당히 포함된 것이다. 자랑스러운 일이다.

그러나 영광의 햇살 뒤로 시커먼 암운(暗雲)이 몰려들고 있다. 10년째 계속되고 있는 2~3%대의 낮은 경제성장률과 날로 심각해지고 있는 양극화로 상징되는 경제 불평등 현상 및 낮은 출산율에 의한 인구절벽 현상 등이 먹구름을 계속 만들어 내고 있다. 그리고 2020년 초부터 발생한 코로나 팬데믹(대유행)이란 태풍이 먹구름을 더욱 키우고 있다. 정치권도 진영논리로 맞서기만 할 뿐, 재난을 힘모아 극복하고 다시 일터로 나설 수 있도록 국민들을 이끄는 데는 실패하고 있다.

나는 데모 1세대라 할 수 있다. 초등학교 1학년 때, '신탁통치 결사반대'라는 구호를 무슨 뜻인지도 모르고 외치면서 시위대 행진을 따라다녔기 때문이다. 이로 부터 6.25동란을 거쳐 4.19와 5.16 그리고 6.3사태에 이르기까지의 민족사의 격동기를 온몸으로 체험했다. 학창시절 동안에는 산업화 시대의 가난 속에서 '일하고 또 일하는' 시절을 보냈다. 그리고 대학교수 시절에는 민주화를 위한 운동으로 고통을 겪던 제자들과 아픔을 같이 했다. '우루과이 라운드 협상'으로 대표되는 무역자유화 시대가 열리면서 상대적 열세산업인 국내 농업의 대응전략 마련에 온몸을 던졌다.

제1차 세계화 시기에는 조선시대의 쇄국 정책(鎖國政策)으로 기회에 다가갈 수 없었다. 제2차 세계화 시기에는 일본의 식민지로써 참여기회조차 빼앗겼다. 우루과이 라운드 협상으로 시작된 제3차 세계화 시대에는 수출 주도형 산업화 정책으로 오늘날의 경제성장 기반을 일구어 내었다.

코로나 대유행에 대응하는 과정에서 인공지능(AI)이나 사물인터넷(IoI), 로봇, 5G 등 신기술이 이끄는 4차 산업혁명 시대가 문득 열리고 있다. 물리적 공간, 시간적 공간, 생물학적 공간마저 뛰어넘어서 형성되는 4차 세계화 시대에서도 승자(勝者)가 되지 못한다면 한국 경제의 장래는 기대하기 어렵다. 다만, 3차 세계화 과정에서 정보·통신기술(ICT) 강국이란 국제적인 평가와 함께 필수적인 기술 기반을 잘 갖추고 있다는 점에서 객관적인 가능성은 높은 편이다.

그러나 국민의 일하려는 의지(Will to economize)를 새로 불러일으키지 못한다면 승자로의 길은 험난할 뿐이다. 인공지능과 로봇 등 첨단기술을 활용하는 자동화 시설과 장비에 의해서 노동의 자본에 의한 대체가 진행되면서 일자리 감소에 의한 소득 양극화 현상이 더욱 심화될 것이기 때문이다.

대한민국 헌법 제119조 제1항은 "대한민국의 경제 질서는 개인과 기업의 경제상의 자유와 창의를 존중함을 기본으로 한다."고 규정하고 있다. 또한 제119조 제2항에서는 "국가는 균형 있는 국민경제의 성장 및 안정과 적정한 소득의 분배를 유지하고, 시장의 지배와 남용을 방지하며, 경제 주체 간의 조화를 통한 경제의 민주화를 위하여 경제에 관한 규제와 조정을 할 수 있다."라고 규정하고 있다.

자유시장경제 질서는 국민들에게 일하려는 동기(incentives)를 제공함으로써 높은 경제성장을 가능하게 한다. 그러나 성장의 과실 배분에서 시장의 지배와 경제력의 남용이 발생하기 때문에 소득 양극화로 상징되는 경제적 불평등 현상이 만연하게 된다.

이른바 '1%의 부자와 99%의 빈자'로 나누어지는 사회에서 어떻게 대다수 국민들이 기꺼이 일터로 나설 수 있겠는가?

대한민국은 자본주의적 자유시장경제 질서를 지향하되, 이 제도가 야기하는 결함과 단점을 시정하고 경제 주체 간의 조화를 통해서 경제 민주화를 위한 규제와 조정을 할 수 있도록 규정하고 있다.

이것이 우리나라의 헌법정신 아닌가?

내가 좋아하는 프랑스 격언이 있다.

"이 땅은 조상으로부터 물려받은 것이 아니고 후손으로부터 잠시 빌려 쓰고 있는 것이다."

맞다. 후손에게 땅심(地力) 높고, 오염되지 않은 농토를 마땅히 물려

주어야 좋은 조상이 된다. 특히 좋은 일자리와 공정한 소득 기회는 줄어드는 대신에, 노인부양 의무만 높아지고 있는 20~30대 청년세대에게 살기 좋은 나라를 물려줄 수 있어야 한다. 이를 위해서는 설득력이 약해진 진영논리에 갇혀서 서로 외면하고 있는 산업화 세대와 민주화 세대로 대별되는 이 땅의 어른들이 다시 손을 맞잡고 힘을 모아야 한다.

심하게 기울어져 있는 운동장부터 바로잡아야 한다. 좋은 일자리를 많이 만들어 내야 한다. 승자독식(勝者獨食) 문화도 고쳐내야 한다. 성장과 분배정의 실현, 두 마리 토끼를 모두 놓친 정치실패를 막아야 한다. 예나 지금이나 조그만 혁명은 사회발전을 위해서 반드시 필요하다. 고루 잘 사는 사회를 만들자는 아름다운 진보의 꿈을, 기업을 앞장세우는 보수적 방식으로 이루어 낼 수 있는 최선의 방식을 찾아내야 한다. 나눠먹을 빵 덩어리를 계속해서 찾을 수 있는 우리 경제의 지속적 성장 방식을 도출하는 데 남은 힘을 짜내어 일조해야 한다. 이것이 이 글을 쓰고 있는 이유이다.

제1장에서는 코로나 팬데믹이 몰고 온 엄청난 변화가 우리 경제에 미친 영향에 대해서 논하였다. 제2장에서는 사회적 대충격이 국가의 장래를 어떻게 변화시켰는지를 역사를 더듬어 정리했다. 특히 흑사병이 바꿔놓은 유럽 국가들의 장래와, 38선이 갈라놓은 남·북한 사회의 격차

및 베네수엘라를 국가파산 상태로 이끈 차베스의 포퓰리즘 실험 결과를 정리함으로써, 환경 변화에 대응하는 자세의 차이가 나라의 운명을 어떻게 바꿔놓았는지를 살폈다. 제3장에서는 소득 양극화 현상을 해소하기 위한 정책 선택의 바람직한 방향을 자본주의 발전 과정에 비추어서 되짚었다. 제4장에서는 경제민주화 실현을 위한 여러 가지 정책 대안을 검토하고 제기되는 문제점과 가야 할 방향을 검토했다. 제5장에서는 지속 가능한 사회안전망을 구축하기 위한 여러 가지 정책 제안을 검토하고 우리 사회가 지향해야 할 바람직한 복지정책의 선택 방향에 관해서 논의하였다.

책을 저술하는 과정에서 자료 준비와 원고 입력, 수시 토론 등으로 중요한 기여를 해 준 사랑하는 아들 용주, 형주의 도움이 컸다.

"그냥 받아서 쓰시면 될텐데요?" 재난지원금을 굳이 반납하는 나에게 별난 노인네를 다 본다는 표정을 지었던 동사무소 여직원에게 대답을 주어야 한다는 것이 이 책을 쓰는 또 다른 이유다.

보편적 복지정책이 나라 경제를 좀먹는 일이란 걸 설명할 수 있는 책이 있어야 겠다는 절실한 생각을 떨칠 수가 없었기 때문이다.

제1회 충북대학교 명예교수상(학술부문)이란 뜻깊은 상과 함께, 〈코로나 이후, 행복한 사회를 위한 과제〉란 특강기회를 마련해 주신 충북대 명예교수회 이융조회장님의 권고가 이 책을 집필하게 된 계기를 제공해 주었다.

예쁘고 보기 좋은 책을 만들어 주신 도서출판 해남의 노현철 대표님과 직원 여러분께 깊이 감사드린다.

2021. 6. 30.

송파동 우거에서 성진근

차례

Chapter 3 심화되고 있는 소득 양극화 해소를 위한 정책 선택의 갈등

Chapter 4 경제민주화 실현을 위한 퍼즐 맞추기

Chapter 5 지속 가능한 사회안전망 구축

Chapter 1

코로나 팬데믹이 몰고 온 엄청난 변화

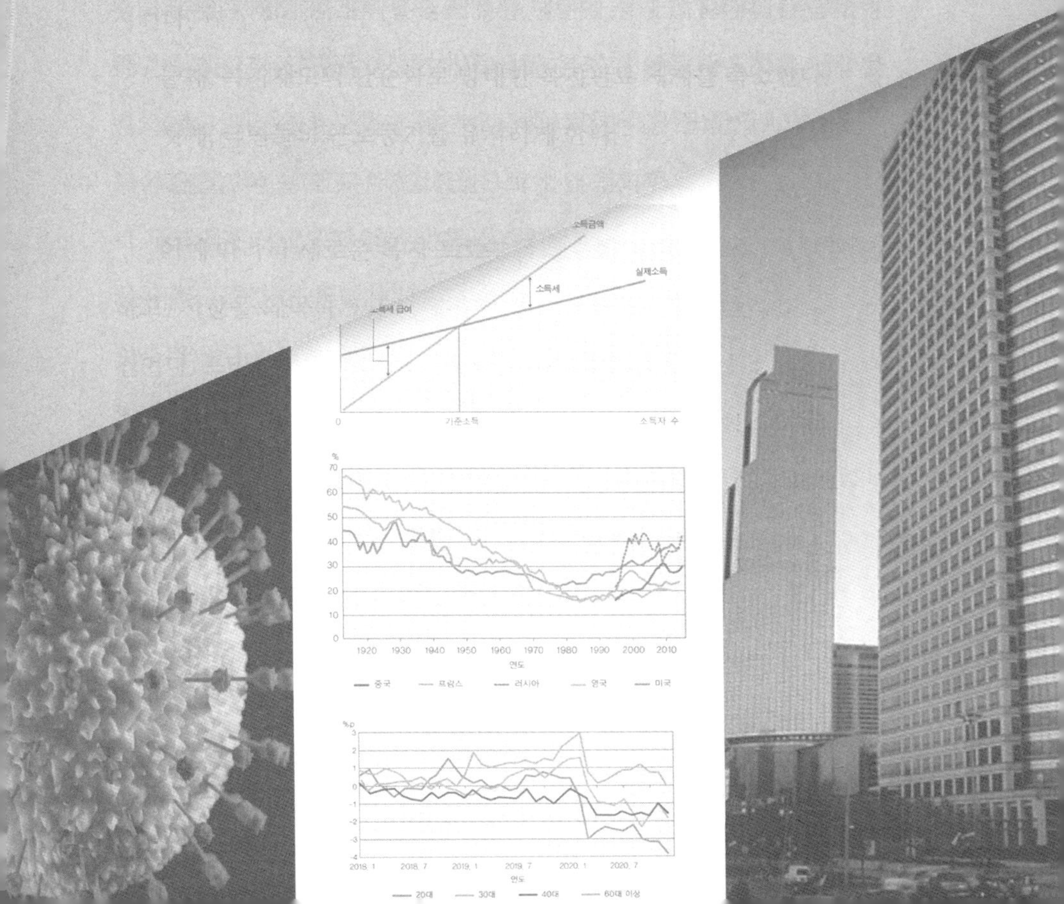

인류사회는 당분간 코로나19 바이러스와의 동거를 계속해야 할 것 같다. 완치자마저 재감염시키는 변이 바이러스가 인도, 영국 등지에서 계속적으로 발생하여 백신의 면역력을 무력화시키고 있기 때문이다. 코로나 전염병 확산과 함께 본격화된 4차 산업혁명적인 기술의 확대는 노동시간 감소에 의한 일자리 감소로 이어질 전망이다.

이에 따라서 단순노동으로 힘겹게 살아가고 있는 저소득층의 형편은 더욱 어려워지고 있다. 불행하게도 우리 사회의 경제 불평등 현상은 더욱 심화될 수밖에 없다. 진보 정치인들은 퍼주기 공약을 쏟아내고 있다. 그러나 우리 경제를 앞에서 이끌고 있는 기업가들과 중산층들은 과중해지고 있는 세금 부담에 허리가 휘고 있다. 미래 세대는 선대가 쌓아놓은 엄청난 규모의 국가채무를 등에 지고 태어나게 된다.

우리는 미래 세대에게 어떻게 희망사회를 물려줄 것인가? 자본주의는 끊임없는 창조적 파괴(혁신)를 통해서 진화해 왔다. 어떠한 정책 혁신이 이루어져야 할 것인가? 아름다운 진보의 꿈을 실현하기 위한 착한 보수의 길은 어떠해야 할 것인가?

1. 전염병의 대유행이 몰고 온 자본주의 궤도 수정

코로나 바이러스 감염증(코로나19)이 강한 산불처럼 세계를 휩쓸고 있다. 중국의 감염 소식을 처음 접한 사람들의 반응은 "무슨 새 독감이 유행하나?" 하는 정도였다.(코로나19는 발병 초기에 우한(武漢)독감이라고 불리었다.) 당연한 반응이었다.

생명과학 기술의 눈부신 성취로 인류는 전염병과의 전쟁에서 승기(勝機)를 잡은 지 이미 오래전이기 때문이다. 그러나 중국 외 지역으로 바이러스가 빠르게 번지면서 확진자와 사망자 수가 급격하게 증가하였다.

2020년 1월 20일, 첫 확진자가 발생한 이후 1년 6개월이 지나면서 전 세계 확진자 수는 1억 8,139만 명을, 그리고 사망자 수도 392만 명을 넘어섰다. 미국은 세계 최대 감염국가로 총감염자 수는 3,349만 명, 사망자 수는 60만 1,400명에 육박하고 있다. 한국은 확진자 수가 15만 6,961명, 사망자 수는 2,018명, 그리고 사망률은 1.3%로 초기 방역에 성공한 나라로 꼽히고 있다. 그러나 백신 접종이 더뎌지면서 4차 유행에 대한 경계심은 여전하다(표 1-1).

최근 들어 백신 접종이 진행되면서 전염병 종식에 대한 기대가 커지고 있다. 백신 접종률이 높은 이스라엘, 미국 등지에서는 국민들이 마

표 1-1 코로나 확진자와 사망자 수(2021년 6월 30일 현재)

구분	전 세계	한국	미국	일본	중국	인도
확진자 수(인)	181,388,988	156,961	33,488,106	797,084	91,771	30,279,331
사망자 수(인)	3,928,803	2,018	601,396	14,659	4,636	396,730
사망률(%)	2.2	1.3	1.8	1.8	5.1	1.3

스크를 벗어던지기 시작했다. 지구촌 인류 사회는 코로나 바이러스와의 전쟁에서 또 한번 승자(勝者)가 될 수 있을 것인가?

각국 정부는 코로나 긴급구호와 일자리 창출 등을 위해서 대대적인 '돈 풀기'에 나서고 있다.

세계 최대의 경제대국인 미국은 코로나 팬데믹이 몰고 온 경기 침체를 한꺼번에 해결하기 위하여 '큰 정부' 체제로의 전환을 선택하였다. 바이든 민주당 정부는 1930년대 대공황을 극복하기 위하여 루스벨트 당시 대통령이 선택하였던 뉴딜(New Deal) 정책을 계승하여 '더 나은 재건'(Build Back Better)을 위한 총 6조 달러(6,600조 원) 규모의 정부투자계획을 발표하였다.

이 계획에는 코로나19 긴급구호예산(1조 9,000억 달러)과 미국 일자리 계획(2조 3,000억 달러) 및 보육과 교육 중심의 미국가족계획(1조 8,000억 달러) 등이 포함되어 있다. 천문학적인 예산에 필요한 재원은 부자와 기업에 대한 증세(增稅)와 국채 발행 등을 통해서 마련하겠다는 것이다.[1]

미국의 GDP 대비 재정적자는 제2차 세계대전 당시 30.1%로 정점에 도달한 바 있는데, 2019년 재정적자는 1조 달러 수준이므로 코로나 충격을 흡수하기 위한 재정 지출 적자 규모를 1943년 수준(30%)으로 늘리면 최대 6조 달러 이상의 재정적자를 용인할 수도 있다는 계산인 것이다.

미국의 경제정책 전환은 세계 각국의 경제정책 선택에도 영향을 미치게 되어 세계 경제질서를 주도해 온 자본주의도 또 한 차례의 전면적인 궤도 수정을 추진하게 될 것으로 예상된다.

1 필요한 재원 중에서 1조 5,000억 달러는 소득 상위 1%의 고소득자에게 적용되는 세율을 인상하고(37% → 39.6%), 연간 100만 달러 이상의 자본이득에 대한 세율을 인상(20% → 39.6%)하는 계획이 제시되어 있다. 그러나 나머지 4조 5,000억 달러는 연방준비은행의 채권인수 방식에 의한 국채 발행에 의존할 것으로 보인다.

2. 역사는 돌고 도는가?

경제 체제는 시대 상황을 반영해서 결정된다. 초기 자본주의는 제1차 산업혁명기에 시작되었다. 초기 자본주의를 이끈 대표적인 학자는 애덤 스미스(1723~1790)이었다. 그는 시장에서의 자유로운 경쟁이 결국 사회 전체의 부(富)를 증진시키게 된다는 소위 자유방임주의를 주장하였다. 그러나 초기 자본주의는 시장의 과열경쟁으로 인한 공급 과잉과 소비 위축의 문제에 직면하게 되었다. 결국 시장(가격)의 조절 능력이라는 소위 '보이지 않는 손'(invisible hand)의 시장실패(market failure) 현상이 계속 누적되어 끝내 세계 대공황(1929~1932)을 야기하게 되었다.

미국 루스벨트 대통령은 대공황 문제에 대처하기 위하여 수정자본주의(후기 자본주의로 불리게 된다)를 선택했다. 초기 자본주의 경제에서 발생하고 있는 다양한 시장실패 문제를 정부개입 강화라는 수단으로 해결하고자 했다. 수정자본주의를 이끈 대표적인 학자는 케인스(J. M. Keynes, 1883~1946)이었다. 그는 시장의 자기 조절 능력을 과신하지 말고 정부가 적극적으로 개입해서 시장의 문제점을 해결해야 한다고 주장했다. 미국은 뉴딜 정책을 통하여 대규모 공공사업을 시행하여 많은 일자리를 창출하게 된다. 새로운 일자리에 고용된 노동자들의 소비활동을 통하여 연관 산업의 수요를 증진시키고 연관 산업의 활성화에 의한 세수(稅收)

확장으로 재정이 확장되면 이를 다시 공공사업의 확장투자 자금으로 사용한다. 이 과정에서 부(富)가 재분배되며 사회적 빈부격차가 줄어들게 된다는 것이다.

그러나 후기 자본주의에 의한 큰 정부 체제는 복지국가 건설로 치달렸다. 정부가 국민들에게 기본적인 수준의 복지 혜택을 제공하는 것까지는 좋았는데 그 수준이 점차 높아진 것이 문제였다. 과도한 복지 급여는 개인의 노동의욕과 책임감을 약화시키고 국민들을 복지 혜택 속에 즐겨 갇혀 있게 만드는 왜곡된 동기(incentives)를 조장했다. 실제로 복지국가 체제로 전환된 서양 전역에서 심지어는 부유한 국가에서조차 젊은이들이 학업을 포기하고 정부의 피보호자로 살아가는 경우마저 비일비재했다. 과도한 복지 혜택이 일하려는 의지(will to economize) 자체를 훼손하게 된 것이다.

다른 한편으로는 과도한 복지 지출이 국가경제 운용에 큰 부담을 주었다. 1970년대 중반까지 영국의 국민소득 절반 가까이가 복지를 위한 공공 지출에 사용되었다. 이로 인해서 세금이 높아지자 납세자들은 증세(增稅)에 협조하지 않았고, 정부 채무는 늘어날 수밖에 없었다. 큰 정부 체제가 계속되면서 민간기업 활동은 위축되었으며 이에 따라 경제는 날로 침체되어 갔다.

큰 정부 체제에 의한 복지국가 건설을 추구하던 영국은 1976년에 마침내 국제통화기금(IMF)으로부터 구제금융을 받게 된다. 또 다른 대표적인 복지국가 스웨덴은 세계 제4위의 부국(1970) 지위에서 20년 만에 제14위(1990)로 떨어지게 된다. 후기 자본주의는 유럽의 일부 지역에서 복지국가를 추구하는 형태로 현재까지 유지되고 있다.

초기 자본주의의 폐해를 시정하고자 등장했던 큰 정부 체제의 후기 자본주의는 정부의 과도한 시장 개입으로 경직된 노동시장을 형성했다. 이 결과, 민간의 경제활동을 위축시켜서 불황과 경기 침체를 불러왔다. 또한 과도한 복지비 지출로 인한 재정수요를 감당하기 위한 증세로 이어져 납세자인 중산층의 반발을 유발하였다. 심지어는 과다한 국가채무 때문에 국가부도 위기로 내몰리는 경우마저 발생했다.

이러한 상황 속에서 예상치 못한 사건이 발생했다. 정부가 주도적으로 경제 전체를 이끌어 가는 계획경제 체제인 러시아 공산주의 체제가 해체되는 역사적인 사건이 발생했다. 공산주의는 마르크스(K. Marx, 1818~1883) 이론을 배경으로 한다. 마르크스는 역사를 계급 간의 갈등으로 설명하고 그 갈등의 끝은 모든 사람들이 평등해지는 것이라고 생각했다. 생산수단(토지, 공장 등)을 소유한 자본가는 자본주의 경제 체제하에서 많은 이익을 지속적으로 얻는 대신에, 생산수단이 없는 노동자는 희생을 감수할 수밖에 없다는 문제의식에서 공산주의는 출발한다. 그러므로 모든 노동자가 생산수단을 공동으로 소유해서 공동으로 생산하게 되면 지배관계가 사라진 이상적인 공산주의 사회가 탄생하게 되고 노동자 계급의 숙명적인 빈곤도 해결된다는 것이다.

공산주의 체제하에서도 경제는 발전할 수 있었다. 생산성이 떨어지는 부문에 정부가 자원을 집중 배분함으로써 초기에는 빠른 경제성장을 이룰 수 있었다. 실제로 옛 소련의 경제는 초기에는 미국을 뛰어넘는 높은 성장률을 보이기도 하였다. 이 때문에 1970년 노벨경제학상을 받았던 폴 새뮤얼슨(1915~2009)은 그의 저서(《경제학》, 1961)에서 소련의 국민소득이 1984년이나 1997년에는 미국을 뛰어넘을 것이라 예상하기도 했던 것이다.

인류역사에서 공산주의를 실현하려는 의도는 소련의 붕괴로 끝난 것 같다. 공산주의 실패 원인은 다음의 두 가지로 대표된다.

첫째, 생산수단의 공동 소유에 의한 이상적 사회건설은 관념적으로는 가능하지만, 실제로는 불가능하기 때문이다.

생산수단은 실체가 있지만 국가는 실체가 없는 관념상의 존재로서, 국유화된 생산수단을 관리하는 소수의 권력자가 새로 발생하게 된다. 따라서 노동자 계급이 공동으로 생산수단을 소유·관리한다는 것은 관념적으로는 가능하지만 실제적으로는 불가능하다.

둘째, 공산주의는 정부가 주도적으로 경제 전체를 이끌어 가는 계획경제 체제이다. 복잡하고 예민한 시장 상황을 소수의 정부 관료가 완벽하게 관리 내지 조절하기를 기대하기는 어렵다. 따라서 시장의 왜곡 내지 비효율성으로 대표되는 정부 실패가 점차 커지게 된다. 자본주의 사회에서도 정부가 생산수단을 소유하고 있는 공기업의 경영 상태가 민간기업보다 비효율적이어서 경쟁력이 떨어지기 때문에 민영화 요구가 끊임없이 제기되고 있지 않은가?

소련의 공산주의 실험은 실패로 끝났다. 이를 계기로 정부의 시장 개입을 강화하는 후기 자본주의의 폐해를 시정하자는 주장이 힘을 얻게 되었다. 밀턴 프리드먼(1912~2006)으로 대표되는 미국 시카고학파는 자유방임주의에 의한 초기 자본주의로의 복귀를 주장하고 나섰다. 시장제도를 통한 민간의 자유로운 경제활동을 장려하는 작은 정부 체제로의 회귀를 요구하는 주장이 큰 정부 시대의 정책들을 밀어내게 된 것이다.

정부의 시장 개입이 최소화되면 당연히 세금은 줄고, 규제는 축소된다. 이에 따라 민간의 경제활동이 보다 활성화되어 경제성장은 촉진된다. 1980년, 미국의 레이건 대통령과 영국의 대처 총리는 시카고학파의 주장을 받아들여 경제정책을 수정하게 된다. 신자유주의 경제 체제가 새로 등장하게 된 것이다. 세계 대부분의 국가들도 신자유주의 경제 체제를 자국의 경제 제도에 접목시켜 나갔다.

정부 개입의 축소로 시장은 보다 활성화되고 경제성장은 촉진되었다. 그러나 반사적으로 시장의 독점과 빈부격차는 점차 심화되어 갔다. 자유방임주의에 의한 능력주의가 불평등의 심화에 의한 소득 양극화 현상이란 결과를 심화시키게 된 것이다. '월가를 점령하라', '1%를 위한 99%의 희생' 등 구호를 외치면서 거리로 나선 세계 금융위기(2008) 이후의 시위자 요구는 불평등의 심화를 막기 위한 전 세계적인 빈자(貧者)의 저항운동으로 이어졌다.

신자유주의 경제질서는 왜 소득 불평등 현상을 심화시키게 되는가?

프랑스 경제학자 토마 피케티(1971~)는 그의 유명한 저서 《21세기 자본》(2014)에서 이를 명쾌하게 설명하고 있다. 국민소득 중에서 자본에 돌아가는 몫이 점차 커지면서 노동에 대한 분배 몫은 줄어들게 된다. 또한 자본세습주의가 이루어지고 있기 때문에 사회적 불평등의 심화는 더욱 피할 수 없게 된다는 것이다.

신자유주의 경제질서가 주도해 온 세계화가 급속히 진행된 1995년 이후부터 부(富)의 집중화 현상이 본격적으로 진행되었다. 미국, 유럽뿐만 아니라 중국, 인도, 러시아 등 개발도상국들도 소득 상위 10%의 국민

그림 1-1 상위 1%가 차지하는 부의 비중(1913~2015)

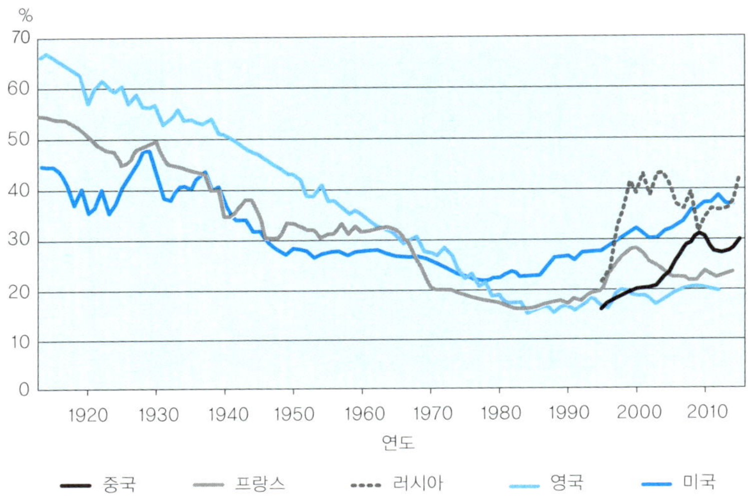

자료: World Inequality Lab(2018).

이 차지하는 부의 비중이 1980년 20~30%에서 1990년에는 35~40%로, 다시 2015년에는 40~55%로 높아져 왔다(그림 1-1).

특히, 미국의 경우에는 소득 상위 1%에 속한 인구가 국민소득에서 차지하는 비중이 하위 50% 인구가 차지하는 비중을 1995년에 처음 추월했다. 그 이후 격차는 점차 크게 벌어져서 2015년에는 상위 1% 인구의 소득 비중이 20%를 넘김으로써 하위 50%의 그것(13%)을 크게 웃돌게 된 것이다.

소득 양극화 현상의 진행에 따라 빈부격차가 더욱 심해지고 있기 때문에 신자유주의 경제 체제에 대한 사회적 불만이 더욱 커질 수밖에 없게 된 것이다.

바이든 미국 대통령의 큰 정부 체제로의 전환은 자본주의 경제 체제를 운영하고 있는 세계 대부분 국가들의 경제 체제 전환을 촉발시키는 계기로 이어질 것으로 전망된다. 왜냐하면 코로나19는 영세한 대면 서비스업의 고용 감소 현상에 의해서 임시 또는 일용 근로자의 일자리 감소 등으로 소득 양극화 현상을 심화시키는 효과를 야기하고 있다. 전염병의 창궐과 대유행이 촉진시키고 있는 4차 산업혁명적인 기술 역시 자본에 의한 일자리 감소로 이어지게 된다. 이에 따라 소득 양극화 해소를 위한 큰 정부 체제로의 전환 요구는 세계 각국에서 더욱 거세질 것이기 때문이다.

세계 경제정책의 주류적인 흐름이 작은 정부에서 큰 정부로, 다시 작은 정부로 그리고 최근에는 큰 정부 체제로 바뀌고 있는 것이다.

역시, 역사는 돌고 돈다. 세계 경제질서의 변화 속에서 절대 빈곤 상태를 훌륭하게 극복해 냈던 분단국가 대한민국의 선택은 어떠해야 하는가? 이미 큰 정부 체제로 전환한 현재의 경제 체제를 어떻게 개선·운영해야 우리 후손들에게 좋은 나라를 물려줄 수 있을 것인가?

3. 코로나 충격이 우리 경제에 미친 영향

우리나라는 고도의 경제성장 과정을 거쳐 왔다. 이 과정에서 수출산업을 중심으로 하는 부(富)의 독점과 기회의 불평등 현상이 꾸준히 진행되어 왔다. 특히, 1997년 IMF 외환위기를 겪으면서 빈부격차는 현저하게 벌어지고 있었다. 여기에 코로나 충격이 겹쳐졌다.

우리 경제는 2021년 봄 현재 코로나19의 초기 충격에서 점차 회복되고 있다. 코로나 충격이 우리 경제에 미친 영향을 간추려 정리하면 크게 다음의 두 가지로 요약할 수 있다.

첫째, 전통산업의 부진과 자동화의 진전 등에 따른 양질의 일자리 감소와 저금리하의 자산 가격 상승 등을 배경으로 하여 진행되어 오던 경제 양극화 현상이 앞으로 더욱 심화될 것으로 우려되고 있다.

산업별 회복 속도는 서비스업이 제조업보다 느리다. 서비스업도 대면접촉의 필요성에 따라 회복 속도가 큰 차이를 보이고 있다. 2020년 1~3분기의 서비스업 성장 속도를 살펴보면 공공행정, 국방, 사회보장, 금융 및 보험업, 부동산업 등은 전년 대비 플러스 성장을 이어간 반면에, 예술, 스포츠, 여가, 운수업, 숙박 및 음식료업 등은 큰 폭으로 생산이 감소했다.

그림 1-2 코로나 충격에 의한 임금근로자 지수의 변화(2018년=100)

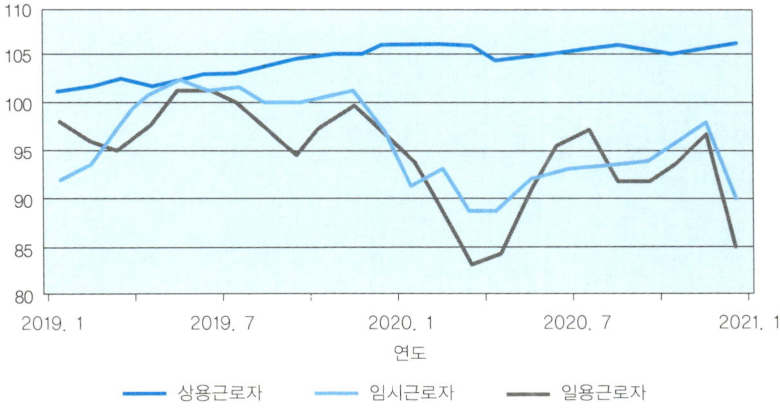

주: 계약기간 1년 이상은 상용근로자, 1개월 이상은 임시근로자, 1일 이상은 일용근로자로 분류.
자료: 통계청.

고용 측면에서도 근로소득의 양극화 현상이 확대되고 있다. 사회적 거리두기 강화에 의한 비대면(非對面) 생활이 일상화(日常化)됨에 따라서 고용형태별, 연령별 고용지표의 격차가 심화된 것이다. 근로계약 기간이 1년 이상인 상용근로자의 고용은 안정세를 유지한 반면에 임시근로자와 일용근로자의 고용률은 코로나19 이전보다 각각 7.5%, 12.1% 감소했다(그림 1-2).

영세한 대면서비스업을 비롯한 경제적 취약계층의 일자리가 더 많

그림 1-3 코로나 충격에 의한 연령별 고용률 변동(전년 동월 대비)

자료: 통계청, 블룸버그.

이 줄어들어 빈곤층의 가난이 더욱 악화되고 있는 것이다. 이에 따라 코로나 충격으로 우리 사회의 소득 양극화 현상은 더욱 심화될 것으로 우려된다.

또한 코로나 충격은 연령별 고용률에도 큰 영향을 미쳤다. 비정규직 형태의 서비스업과 판매업 종사자가 많은 20대와 30대 연령층의 고용률이 큰 폭으로 감소했다(그림 1-3).

코로나 충격은 회복 과정에서 기업 규모와 종류별로 서로 다른 영

그림 1-4 코로나19 이전 대비 노동·사업소득 변화

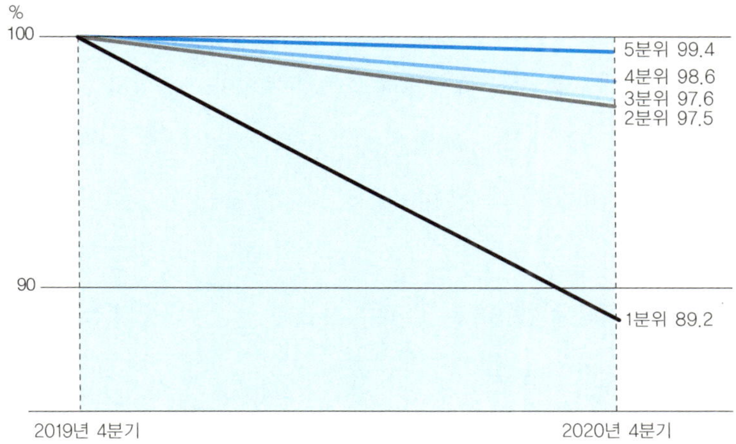

자료: 통계청.

향을 미쳤다. 소위 'K자형' 회복 양상을 보이고 있는 것이다. 대기업과 기술기업은 코로나 충격을 벗어나서 빠른 회복세를 보이고 있는 반면에, 소기업과 경기민감 기업은 여전히 깊은 불황의 터널에 갇혀 있다. 또한 고학력자와 고소득층은 큰 충격을 받지 않은 대신에, 저학력자와 저소득층의 빈곤 상태는 더욱 악화되었다.

코로나19 이전과 비교해서 소득 하위 20%(1분위)의 소득은 1년 만에 10.8% 감소한 반면에, 소득 상위 계층의 소득은 약간(0.6~2.5%) 감소한 것이다(그림 1-4).

저금리(低金利) 추세가 지속되는 환경하에서 주택가격과 주가(株價) 등 자산 가격이 상승하면서 코로나19로 부진한 실물경제와의 괴리가 점차 커졌다. 이에 따라 자산 확보에 대한 접근 기회마저 열악한 빈자(貧者)들의 소득은 상대적으로 더욱 떨어졌다. 코로나19가 계층 간의 부의 격차를 확대시키는 결과로 이어지고 있는 것이다.

둘째, 전 국민을 대상으로 골고루 지급된 재난지원금의 소득 양극화 해소 효과는 전혀 없었다.

정부는 여러 차례에 걸친 추가예산 편성으로 긴급 재난지원금을 지원해 왔다. 그럼에도 불구하고 소득 양극화 배율은 더욱 악화되고 있다. 상위 20% 가구소득과 하위 20% 가구소득의 배율은 코로나 이전(2019년 4분기)의 6.59배에서 1년 만에(2020년 4분기) 7.82배로 크게 늘어났다. 그러나 정부의 다양한 재난지원금 지원에도 불구하고, 처분가능소득은 4.64배에서 4.72배로 약간 늘어났을 뿐이다. 실제로 하위 20% 계층의 처분가능소득은 137만 6,000원으로 가구당 24만 4,000원이 적자 상태였다(표 1-2).

소득 악화가 진행되고 있는 하위소득 계층에 대한 집중적인 지원 정책의 선택이 필요한데도 불구하고, 정부와 정치권에서는 전 국민을 대상으로 한 선심성 지원 정책을 연이어서 계획·발표하고 있다. 정치권 특히 여당 정치 지도자들은 전 국민에게 동일한 현금 지원을 하자는 다

표 1-2 균등화 소득 5분위 배율

(단위: 배, 배p)

	2019. 1/4	2/4	3/4	4/4	2020. 1/4	2/4	3/4	4/4
시장소득(A)	8.02	7.04	7.20	6.59	8.59	8.42	8.24	7.82
처분가능소득(B)	5.18	4.58	4.66	4.64	5.41	4.23	4.88	4.72
개선효과(A-B)	2.84	2.46	2.54	2.25	3.18	4.19	3.36	3.10

주: 1) 균등화 처분가능소득 5분위 배율 = 상위 20%(5분위) / 하위 20%(1분위).
균등화 처분가능소득 = 가구 처분가능소득 /$\sqrt{\text{가구원 수}}$
- 처분가능소득 = 시장소득 + 공적이전소득 − 공적이전지출(OECD, Wave6 기준)
  - 시장소득 = 근로소득 + 사업소득 + 재산소득 + 사적이전소득
  - 공적이전소득: 공적연금, 기초연금, 사회수혜금, 연말정산 환급금
  - 공적이전지출: 경상조세, 연금기여금, 사회보험료

2) 2인 이상 비농림어가.
3) 자료 2019년 이후 소득 – 지출 부문 통합조사 결과임.

양한 기본소득제를 주장하고 있다.

과연 선심성 퍼주기 정책으로 소득 양극화 현상은 해소될 수 있는가? 10년째 계속되고 있는 저성장 체계하에서 우리 경제의 잠재성장률도 급속히 떨어지고 있다. 청년들은 일자리를 찾지 못해 아우성이고 집값은 계속 오르고 있다. 저출산과 고령화는 한국 경제의 장래를 위협하는 가장 중요한 현안 과제로 등장하고 있는데도 불구하고 정치권에서는 다가오는 선거를 의식한 퍼주기 정책에만 몰두하고 있다.

지난 60년 동안(1960~2020) 한국 경제는 빠른 속도로 성장했다. 이 기간 동안 1인당 국민소득은 미국의 8% 수준에서 51% 수준으로 크게 향상

그림 1-5 생산가능인구 100명당 부양해야 할 고령인구 수

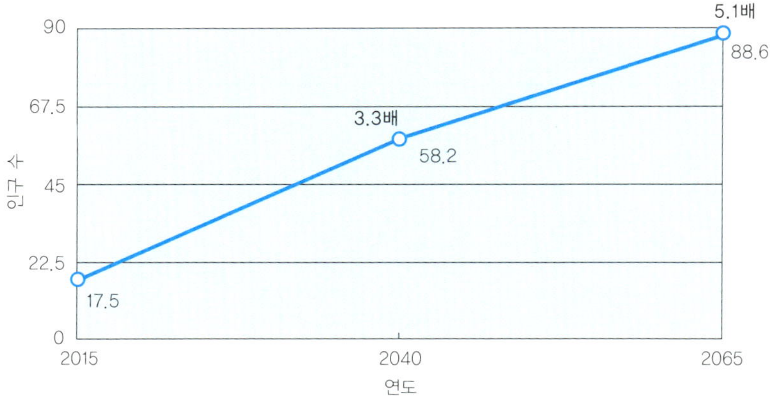

자료: 통계청.

되었다. 그러나 합계출산율은 1970년의 4.53명에서 2020년에는 0.84명으로 50년 만에 19% 수준으로 격감했다.

합계출산율이 0.84명이란 무슨 뜻인가? 성인 100명(남 50, 여 50)이 평균 32명(50×0.84)을 낳아 기르고 다시 32명이 13명을 낳아 기르는 사회가 되었다는 의미이다. 여성의 경제활동 증가와 초혼연령 상승으로 육아와 교육비 부담이 증가했다는 것이 출산율 저하의 주요 원인으로 지적된다.

저출산과 고령화가 진행된 결과, 청년세대의 부담은 갈수록 늘어나고 노년 빈곤층도 계속 증가하게 된다. 이에 따라서 세대 간 갈등마저 더

그림 1-6 연도별 국가부채와 자산의 변화

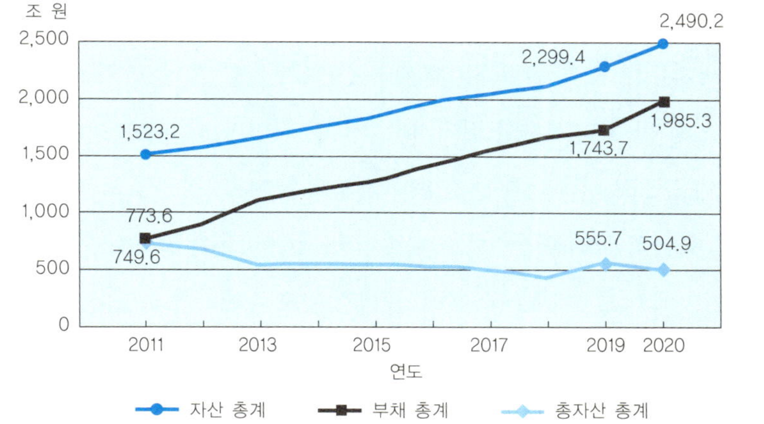

주: 연도는 회계연도 기준. 순자산은 자산–부채.
자료: 기획재정부.

욱 심화될 전망이다. 생산가능인구 100명이 부양해야 할 고령인구 수는 2015년 17.5명에서 2040년에는 58.2명, 그리고 2065년이면 88.6명으로 증가할 전망이다. 이를 어찌 희망 있는 사회라 할 수 있겠는가?(그림 1-5)

가장 우려스러운 문제는 최근 들어 가파르게 증가하고 있는 국가부채와 민간부채 문제이다. 기획재정부의 발표에 따르면, 2020년 국가부채는 850조 원(확정부채)이고, 여기에다 공무원연금, 군인연금 등의 충당을 위한 잠재적 부채 1,044조 7,000억 원을 합하면 1,985조 3,000억 원으로 코로나19가 엄습한 1년 동안에 13.9%가 증가했다는 것이다. 이에 따라서 국가자산에 대한 국가부채의 비율은 2017년의 31.4%에서 2020년에는 39.3%로 확대되었다(그림 1-6).

국가부채 총액 1,985조 3,000억 원은 얼마나 큰 돈인가? 이는 국민 1인당 3,847만 원의 부채를 짊어지고 있다는 것이다. 문제는 이러한 부채 규모가 앞으로 더욱 확대될 전망이란 점이다. IMF 재정전망 보고서에 의하면, 한국의 국내총생산(GDP) 대비 국가채무 비율은 코로나 이전(2019)의 42.2%에서 2026년에는 69.7%로 높아질 것으로 예측하고 있다.

국가부채뿐만 아니라 가계부채와 기업부채 규모도 국내총생산 규모를 초과하고 있어서 우리의 우려를 키우고 있다. 2020년의 가계부채는 1,998조 3,000억 원, 그리고 기업부채는 2,137조 6,000억 원으로 모두 명목국내총생산 1,924조 5,000억 원을 초과했다. 특히 최근 5년간 GDP 대비 가계부채 상승률은 18%p로서, 프랑스(11%p), 일본(7.2%p), 독일(4%p), 그리고 미국(0.9%p) 등 선진국에 비해 매우 높았다. 이에 따라 OECD 회원국 중에서 1위를 차지할 정도로 가계부채 증가율이 높았다(그림 1-7).

정부와 기업, 그리고 가계부채가 모두 1년간 명목국내총생산을 넘어서는 부채를 떠안고 있는 안타까운 현실이 코로나19가 덮치고 있는 한국 경제의 오늘날 민낯인 것이다.

한국인의 행복지수는 최근 들어서 계속 낮아지고 있다. UN이 발표

그림 1-7 경제 3대 주체의 부채와 국내총생산(GDP) 비교

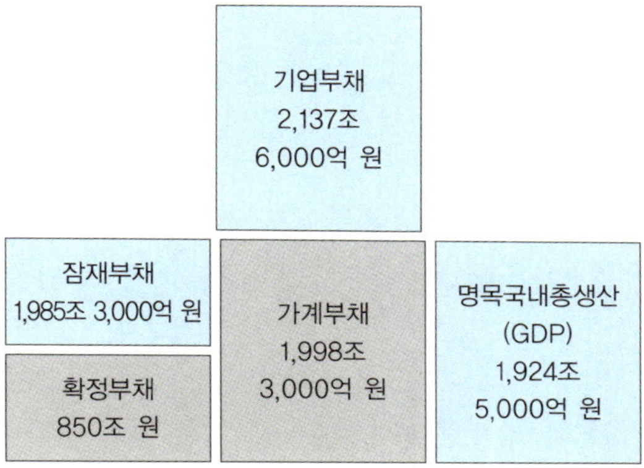

하는 세계 행복 보고서에 의하면 2018~2020년간 한국인의 행복지수는 5.85로 OECD 37개국 중 35위였다(가장 행복한 상태를 10이라 할 때). 이에 비해서 핀란드 국민의 행복지수는 7.84, 미국인은 6.95, 일본인은 5.94로 우리보다 높았다.

10년째 계속되고 있는 2~3%대의 낮은 경제성장률은 세계가 찬탄했던 한국 경제의 역동성을 옛날이야기로 돌리고 있다. 낮은 출산율과 고령화 추세에 따라서 줄어드는 생산가능인구는 미래 세대에게 전가되는 숙명적인 부담으로 이어지고 있다. 국내총생산 규모를 이미 초과할 정

도로 늘어난 국가와 민간부채 규모 역시 우리 경제의 활력을 옥죄는 또 다른 족쇄로 작용할 큰 부담이다.

여기에다 우리 사회를 이끌고 있는 소위 진보를 표방하고 있는 정치권의 생각 없는 행태마저 더해지고 있다. 소득 양극화 현상을 시정하고, 경제적 약자를 보호하겠다면서 〈기본소득〉 지급과도 같은 전 국민을 대상으로 하는 선심성 정책 제안들이 돌출하고 있기 때문이다.

전 국민에게 모두 동일한 금액을 지급하는 정책이 어떻게 소득 양극화 현상을 치유하는 정책 효과를 발휘할 수 있을 것인지?

미래 세대가 감당할 수밖에 없는 국가채무 증가를 통한 현재 세대에 대한 퍼주기 정책은 현재 세대와 미래 세대 간의 '세대 간 공정 실현'을 아예 무시하고 있는 것은 아닌지?

4. '보이지 않는 손'에 의한 시장실패

애덤 스미스(1723~1790)가 출간한 《국부론》(1776)은 근대 경제학의 출발점이었다. 그리고 오늘날에 이르기까지 자본주의 경제발전을 뒷받침하는 이론적 근간이 되고 있다. 자본주의 경제 체제는 다양한 굴곡을 거치면서 발전해 왔다. 이 과정에서 지구촌 경제는 놀랄 만큼 성장하였고, 지구촌 주민의 생활 수준도 크게 향상되어 왔다.

《국부론》이 발간되었을 당시의 영국 사회는 국가의 경제 주도를 당연시하는 중상주의(重商主義)적 사고가 지배하고 있었다. 중상주의자들은 국부(國富)의 증가란 금이나 은 같은 귀금속을 많이 축적하는 것이라고 보았다. 이를 위해서는 국가가 신흥 자본가 세력을 적극적으로 도우는 것이 국부를 증진시키는 길이라고 믿었다. 국가가 경제 운용을 주도하면서 왕실과 귀족 그리고 자본가 계급의 재산 축적을 극대화하는 것이 국부에 이르는 길이란 사회적 인식이 확고했던 때였다. 그러므로 당시의 《국부론》은 시대적 흐름을 거스르는 혁명적인 이론이었다.

애덤 스미스는 인간의 본심인 이기심(利己心)에 주목하였다. 자신의 이익이나 효용(效用)을 극대화하기 위해서 이기심이 발휘되도록 인간의 경제활동을 자유롭게 해준다면, 각 개인의 후생은 극대화될 뿐만 아니라, '보이지 않는 손'(invisible hand)에 의해서 사회 전체의 후생도 극대화될 수 있게 된다는 것이다.

그러므로 개인의 이기심이 자유롭게 발휘되는 시장의 기능에 경제 운영을 맡기는 것이 개인은 물론, 사회 전체의 공익(公益)을 극대화시킬 수 있다고 주장하였다. 그러나 애덤 스미스가 말하는 경제적 자유의 추구가 자유방임(laissez faire)을 의미하는 것이 아니라는 점에 유의해야 한다. 그는 공정한 법과 윤리적 질서 안에서 이루어지는 자유경쟁만이 효율적인 자원배분을 가져올 수 있다고 주장했다. 말하자면, 독과점이나 투기와 같은 사회적 이익에 반하는 비윤리적인 사적 이익 추구를 막기 위해서는 정부의 역할이 필요하다는 입장이었다.

그는 이를 방화벽(fire wall)을 예로 들어 설명하고 있다. 방화벽은 자유에 대한 침해가 될 수 있지만, 사회 안정을 위해서는 반드시 필요하므로 방화벽을 세우기 위한 정부의 역할이 필요하다는 것이다.

그렇다면 '보이지 않는 손'은 어떤 손인가? 인간 본성인 이기심의 발로에 의한 시장의 가격기구(price mechanism)가 '첫 번째 보이지 않는 손'의 정체라 할 수 있다. 또한 공정한 경쟁을 통해서 사회질서를 유지하려는 정의감으로 대표되는 법치주의 정신이 '두 번째 보이지 않는 손'의 정체라 할 수 있다. 즉, 헌법 제119조 제2항에서 규정하고 있는

"… 시장의 지배와 경제력 남용을 방치하며, … 경제의 민주화를 위하여 경제에 관한 규제와 조정을 할 수 있다."에서 밝히고 있는 정부의 시장 간섭적 시책이 또 다른 '보이지 않는 손'인 것이다.

우리 국민은 절대빈곤 상태를 벗어나기 위하여 '일하고 또 일하는 시절'을 보내왔다. 그리고 반세기 만에 세계가 경탄하는 '한강의 기적'을 일구어 내었다. 그 결과, 선진국 대열에 당당히 합류했다. 그러나 여기까지였다. 경제성장을 이끌어 왔던 권위주의적인 정치 체제를 밀어내고 민주화 정부가 들어섰다. 절대빈곤 상태를 벗어난 국민들은 성장제일주의 정책하에서 누적되어 온 성장 과실의 불공평한 분배와 경제력 집중 문제에 대한 불만과 반발을 쏟아내기 시작했다. 극심한 노사갈등과 대기업의 횡포에 대한 중소기업의 반발이 그것이다. 민주화 정부는 기업의 자유로운 경제활동을 제약하기 시작했다. 경제활동에 대한 규제가 강화되기 시작한 것이다. 특히 우리나라에서는 노동에 관련된 규제가 지나치게 많다. 고용의 유연성이 낮아서 일자리를 늘리기 어렵게 된 것이다. 고용을 하려면 정규직으로 해야 하고, 임금은 얼마 이상으로 주어야 한다고 규제를 강화하면 기업은 고용 자체를 꺼리게 된다. 마찬가지로 해고하기가 어려우면 신규 고용 자체를 꺼리게 되므로 좋은 일자리는 늘어나지 않는다. 노동시간의 유연성이 부족하여 "사람을 고용하는 것보다 기계를 설치하는 것이 더 낫다."라고 생각하는 기업이 많아질수록 일자리는 늘어가기 어렵다.

반기업 정서가 만연한 가운데 민주화 정부하에서 한국 경제는 지난 10년간 2~3%의 저성장 추세를 계속해 왔다. 일본이 겪고 있는 '잃어버린 20년'을 답습하지 않기 위해서는 우리 경제를 앞에서 이끌고 있는 기업의 경제활동을 보다 자유롭게 해주어야 한다. 사회주의 국가인 중국보다 규제가 더 많고 심하다는 산업계의 불평을 귀담아들을 수 있어야 한다.

저성장 추세를 하루빨리 벗어나지 못한다면 대한민국 경제의 앞날은 어둡다. 기업의 자유로운 경제활동을 옥죄는 규제가 강화될수록 경제활성화는 기대하기 어렵다. 이에 따라서 저성장 추세를 벗어나기 어렵고 일자리도 늘어나기 어렵다. 정부 주도에 의한 일자리 창출은 더욱 더 어렵다.

문재인 정부가 선택한 소득주도성장론은 성장 둔화의 원인을 총수요 부족으로 보는 입장이다. 총수요 부족은 소득분배 불균형에 의한 소비, 특히 내수 부족에서 주로 연유된다고 보았다. 노동자의 임금을 올리고 부유층에 대한 세금을 늘려서 이를 저소득층에 대한 경제·복지 정책에 투자하면 총수요가 늘어나 경제성장이 촉진된다는 것이다.

그러나 소득주도성장 정책은 경기가 계속 악화되면서 이제는 역사의 뒷전으로 밀려나고 있다. 급격한 최저임금 인상과 근로시간 단축 등 시책이 오히려 일자리를 줄여서 양극화 문제 해결을 더욱 어렵게 했기 때문이다. 그러나 소득은 경제성장의 결과이고 원인이 될 수 없다. 경제가 성장하면 그 결과 고용이 늘고 고용 증가에 의한 소득성장이 소비 증가에 의한 경제성장으로 이어지게 된다는 역사적 경험을 거꾸로 해석했기 때문에 이러한 정책실패 현상이 야기된 것이다. 말하자면, 성장의 결과는 소득 증가로 나타난다. 그러나 소득 증가가 반드시 경제성장으로 이어진다고는 할 수 없기 때문이다.

기업의 자유로운 경제활동을 폭넓게 허용한다면, 경제의 저성장 추세는 효과적으로 극복할 수 있다. 그러나 시장경제 체제는 원천적인 한계를 가지고 있다. 능력 있는 사람들에게 보다 유리한 경쟁 체제이기 때문이다. 그러므로 능력이 부족한 사람들은 경쟁에서 뒤처지게 되어 결국 경제적인 불평등이 심화되는 것이다.

여기에 정부의 시장 간섭 정책인 '제2의 보이지 않는 손'이 개입해야 한다. 자유로운 경제활동을 보장할수록 늘어날 수밖에 없는 경제적 불평등을 해소하기 위해서다. 이를 소홀히 하면 결국 '1%를 위한 99%의 빈곤' 문제가 큰 사회 문제로 등장하여 결국 성장동력 자체가 훼손되기 때문이다.

2021년 새로 들어선 미국 바이든 정부는 코로나19로 현저해진 심각한 고용 감소와 빈부격차 해소를 위해 대규모 재정투자계획을 발표했다. 레이건 대통령 시대 이후 계속되어 왔던 신자유주의적인 '작은 정부' 시대를 끝내고 정부투자가 주도하는 '큰 정부' 시대로의 전환을 선언한 것이다.

정부의 시장 개입 정책 강화를 촉발시킨 직접적 원인은 코로나19가 야기한 충격이었지만, 그 배경에는 빈부격차의 심화로 대표되는 소득불평등의 시정 요구에 부응해야 한다는 시대정신이 자리하고 있다. 미국의 정책 전환은 전 세계로 영향을 미쳐서 새로운 경제질서로 자리 잡을 가능성이 높다. 이에 따라서 정부의 시장 간섭이 강화되는 시대가 다시 열리고 있는 것이다.

자본주의 사회는 태생적(胎生的)으로 경쟁에서 탈락할 수밖에 없는 상대적인 무능력자의 문제에 마주하게 된다. 이에 따라 불평등 문제가 심화될 수밖에 없다는 것이다. 그러나 능력은 태어날 때부터 선천적으로 부여되는 경우가 많기 때문에 이들을 보호하기 위한 사회안전망(social safety net)이 보다 확실하게 구축되어야 한다.

사회안전망은 세계은행(IBRD), 국제통화기금(IMF) 등에 의해 사용된 용어로서, 기존의 사회보장제도하에서 적절한 보호를 받지 못하여 위험에 노출된 사람들을 보호하기 위한 대책을 의미한다. 즉, 세계은행이 개도국에 차관 공여와 함께 경제의 구조조정을 요구하면서 그로 인해 야기되는 실업과 생계곤란자의 양산(量産)이란 부작용을 완화시키기 위한 대응장치라는 의미로 쓰여진 용어이다.

시장 경쟁이 심화될수록 경쟁 탈락자는 계속 생기게 된다. 코로나19와 같은 전염병이 다시 만연될 수도 있다. 누구든지 사업에 실패할 수도 있고 실직을 당할 수도 있다. 이럴 때 정부의 사회안전망에 기대어 최소한의 생활을 유지할 수 있도록 하는 복지 프로그램이 만들어져야 한다는 것이다.

정부의 일자리 창출을 위한 투자계획은 사회간접자본이나 미래 먹거리 산업에 대한 투자와 기업 지원에 집중하게 될 것이다. 이 과정에서 기업의 공유가치 창출 효과가 크게 주목받게 될 것이다.

마이클 포터(M. Porter, 1947~)는 "이제는 기업의 사회적 책임(corporate social responsibility: CSR)을 강조하던 시대에서 공유가치 창출(creating shared value)로 변해야 한다."라고 강조하고 있다. 포터 교수는 "기업이 기업의 이익과 사회적 이익이 상호 배치되는 상황에서 갈등하는 시대는 끝났다."라고 강조한다. 기업의 이익과 사회적 이익을 같이 추구하는 공유가치 창출이 더 중요한 세상이 되었다는 것이다.

그는 기술발전과 새로운 혁신을 통해서 기업의 이익을 추구하는 동시에 사회적 공유가치를 창조하는 선순환을 이룩해야 한다고 강조한다. 이를 통해서 시장의 성장, 효율성 증대, 새로운 기회 창출이란 효과를 얻을 수 있다는 것이다(《하버드 비즈니스 리뷰》, 2011).

CSR이 기업이 수행하는 봉사나 기부 행위와 같은 사회공헌 활동 등으로 대표되는 공유가치 창출을 의미한다면, CSV는 대기업과 중소기업의 동반성장 경우와 같이 사회적 약자와 협력해서 경제적 이윤과 사회적 가치를 만들고 공유하는 것을 의미한다.

즉, 사회적 약자를 도와주면서 기업은 자신의 사업기회도 창출하는 것이다. 기업과 노동조합의 관계에서도 서로 상생하는 문화가 정착·확대되는 것이 더욱 절실하다.

예컨대, 현대차는 11년 만에 임금을 동결하고 2년 연속으로 무분규 합의를 이끌어냈다. 코로나19가 가져온 위기 극복을 위해서 노사가 함께 협력하자는 분위기가 조성되었기 때문이다. 이를 통해 2021년 1분기 영업이익이 지난 해(2020) 한 해 동안의 60% 수준을 달성했다. 이로써 전기차 확대 등 미래 자동차 산업의 변화에 대한 대응 능력으로 대표되는 사회적 기회창출 능력도 강화된 것이다.

그러나 갈등적 노사관계를 지속하고 있는 르노삼성과 한국GM, 그리고 쌍용차는 몇 년째 파업과 공장폐쇄를 반복하면서 경영난에 시달리고 있다. 자동차 산업이 보여 주고 있는 최근의 동향에서 결국 경제적 약자와 함께 살아가는 기업의 동반성장을 위한 상생 경영 문화의 확대가 절실히 필요한 때가 왔다는 것을 알 수 있다.

코로나19는 우리 사회에 큰 과제를 제시하고 있다. 심화되고 있는 빈부격차를 어떻게 시정할 것인가, 우리 경제의 장기 저성장 기조를 어떻게 성장 기조로 바꾸어 낼 것인가, 경쟁에서 낙오될 수밖에 없는 경쟁 탈락자들을 비롯한 경제적 약자들에게 최소한의 생활을 어떻게 보장해 나갈 것인가 하는 문제 등이 그것이다.

한국 경제의 장래를 위협하고 있는 또 하나의 현안과제가 있다. 소위 '인구절벽 현상'에 의한 생산가능인구의 감소 문제이다. 의학기술의 발전과 풍요해진 식생활의 영향으로 평균수명이 증가함에 따라서 우리나라의 노인인구 수는 급속하게 늘어나고 있다. 출산율의 감소와 인구 노령화 현상은 우리나라의 연령별 인구분포 상태를 피라미드 형태에서 항아리 형태로, 그리고 역피라미드 형태로 바꾸고 있다(그림 1-8).

그림 1-8 우리나라의 인구 피라미드 변화

1960년

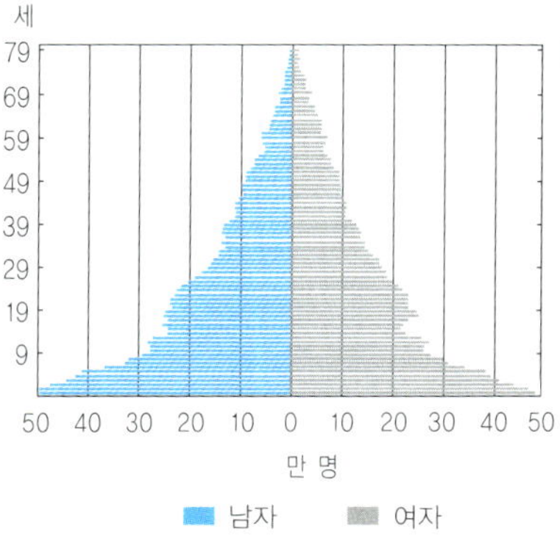

2020년

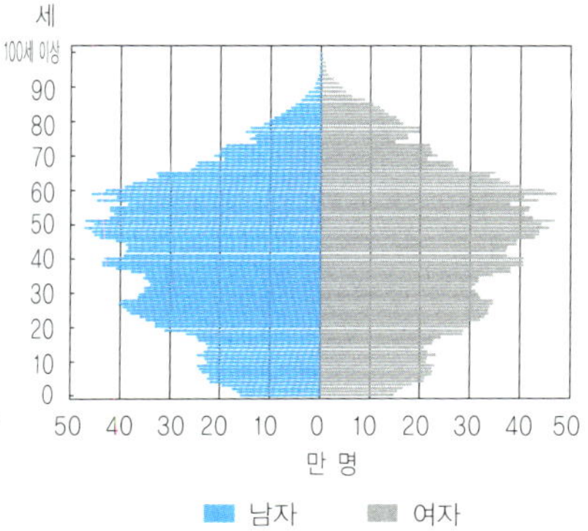

2050년

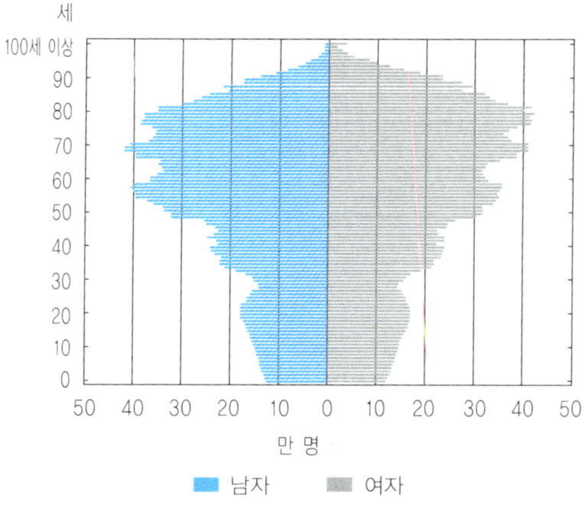

자료: 통계청.

왜 젊은이들은 '아이 낳아 기르기'를 기피하고 있는가?

무엇보다도 상대적 박탈감과 소득 양극화가 그 원인으로 꼽히고 있다. 최근 들어서 수도권의 집값과 전셋값이 폭등했다. 코로나19 사태 이후 풀린 나랏돈 300조 원이 부동산과 주식시장에 불을 질렀다. 그러나 보유하고 있는 재산으로는 자산시장에 접근하기조차 어려운 청년들은 상대적인 박탈감에 빠질 수밖에 없었다. 현재의 소득으로는 평생 일해서 제대로 된 집 한 채 마련할 수가 없게 되었다면, 청년들이 어찌 좌절하지 않겠는가? 어찌 결혼해서 아이를 낳아 기를 생각을 하겠는가?

더구나 청년들의 임금격차도 최근 들어서 엄청나게 벌어지고 있다. 2019년 과세 대상 근로자(1,916만 명) 중에서 근로소득이 1억 원을 넘는 사람은 전체 근로자의 4.4%에 불과하였다. 그러나 코로나 사태 이후, ICT(정보통신기술) 업계는 최대 호황을 누리고 있어서 신입 직원의 초임은 5,000만~6,000만 원에 이르고 직원들의 연봉은 1억 원을 넘어서고 있다. 이에 비해서 국내 500대 기업의 신입직원 초임은 4,000만 원, 그리고 300명 미만의 중소기업 신입직원 초임은 3,000만 원에 못 미친다. 더구나 주가급등에 의해서 최고경영자의 연봉은 30억~40억 원, 많으면 100억 원을 훌쩍 뛰어넘는다. 같은 공간에서 같은 시간 동안 근로하는데도 불구하고 연봉의 차이가 갈수록 커진다면 사람들이 어떻게 열심히 일할 맛이 나겠는가?

그나마의 일자리 찾기도 더욱 어려워지고 있다. 통계청 자료에 의하면 2021년 5월 취업준비생은 89만 명으로 통계 집계 이후 최고치라고 한다. 한국경제연구원이 500대 기업을 조사한 자료에 의하면 채용계획이 있는 기업은 2021년 2분기 기준으로 27.4%인 137개 기업인데, 그중에서 38.2%가 수시채용 방식을 통해서 그리고 38.2%는 공개와 수시채용을 통해서 직원을 뽑겠다는 계획을 가지고 있다고 한다. 수시채용이란 필요한 인원이 있을 때만 뽑기 때문에 신입직원 채용 인원은 줄어들 수밖에 없다. 그야말로 일자리 찾기가 바늘구멍 찾기보다 더 어려워지고 있다. 흙수저 신분으로 태어난 아이를 금수저로 바꾸어 줄 수 있는 기회의 사다리마저 잘 보이지 않는다. 청년들이 아이를 낳아 기를 생각 자체를 포기하는 것은 차라리 합리적인 결정이 아닌가?

청년들이 즐겁게 일할 수 있는 좋은 일자리가 많이 만들어져야 한다. 부동산값의 상승이 빚어내고 있는 주거부담도 해소시켜야 한다. 그러나 현재의 시장경제 체제는 심각한 결함을 가지고 있다. 소위 '능력주의'로 표현되는 자유시장 경제질서의 허점이 그것이다.

기회를 공평하게 제공하고, 능력을 마음껏 발휘하게 하여 이룩하게 된 경제적 성과를 능력에 따라 배분하는 시장경제 체제는 오늘날의 물질적 풍요을 일군 경제성장을 달성하는 데는 일단 성공했다. 그러나 능력주의가 과도하게 적용되면서 능력 있는 자가 성과를 독점하고, 소위 '아빠 찬스', '엄마 찬스'로 상징되는 능력의 대물림 현상으로 기회의 공정성마저 훼손되어 사회의 양극화 현상이 점차 고착하게 된다. 경쟁에서 뒤쳐진 절대 다수의 무능력자는 물질적인 가난뿐만 아니라 자존심의 상실 등으로 대표되는 굴욕감으로 점차 시장경제 체제에 대한 반감을 표출시키게 된다.

우리가 원하는 희망사회는 능력 있는 사람들만이 잘 사는 사회가 아니라, 능력이 부족한 사람도 함께 잘 사는 사회다. 그러므로 정부의 시장 간섭이란 제2의 보이지 않는 손의 효과적인 시장 개입이 절실히 필요하다. 현재뿐만 아니라 미래에도 고루 잘 살아갈 수 있는 미래 먹거리와 미래 일자리를 만들기 위한 정부의 시장 개입 역할이 제대로 작동되어야 한다는 것이다.

이 때문인가? 정치권에서는 대선을 앞두고 청년수당, 노인수당, 군인제대수당 등 별의별 복지시책이 '기본소득' 개념으로 포장되어 흘러넘치고 있다. 다양한 선심성 정책들을 집행하기 위해서는 정부예산이 동원될 것이고, 예산으로 모자라면 빚(국채)을 내어 충당하게 될 것이다. 그러나 빚은 누가 갚는가? 현재 세대들이 못 갚으면 미래 세대가 감당해야 한다. 그러나 가계부채와 기업부채, 그리고 정부부채도 국민이 1년간 일해서 번 돈(명목국민총생산: GDP)을 이미 넘어서고 있다. 그러므로 새롭게 발생하는 정부부채는 미래 세대로 고스란히 넘겨질 가능성이 크다. 말하자면 진보층을 대표하는 정치 지도자들이 다투어서 발표하고 있는 다양한 선심성 정책에 소요될 돈은 미래 세대가 갚아 내야 할 채무가 되는 셈이다.

과연 우리나라의 정치 지도자들은 미래 세대의 동의라도 구하고 선심성 정책들을 쏟아내고 있는 것인가?

Chapter 2

사회적 대충격이 국가의 장래를 바꾼다

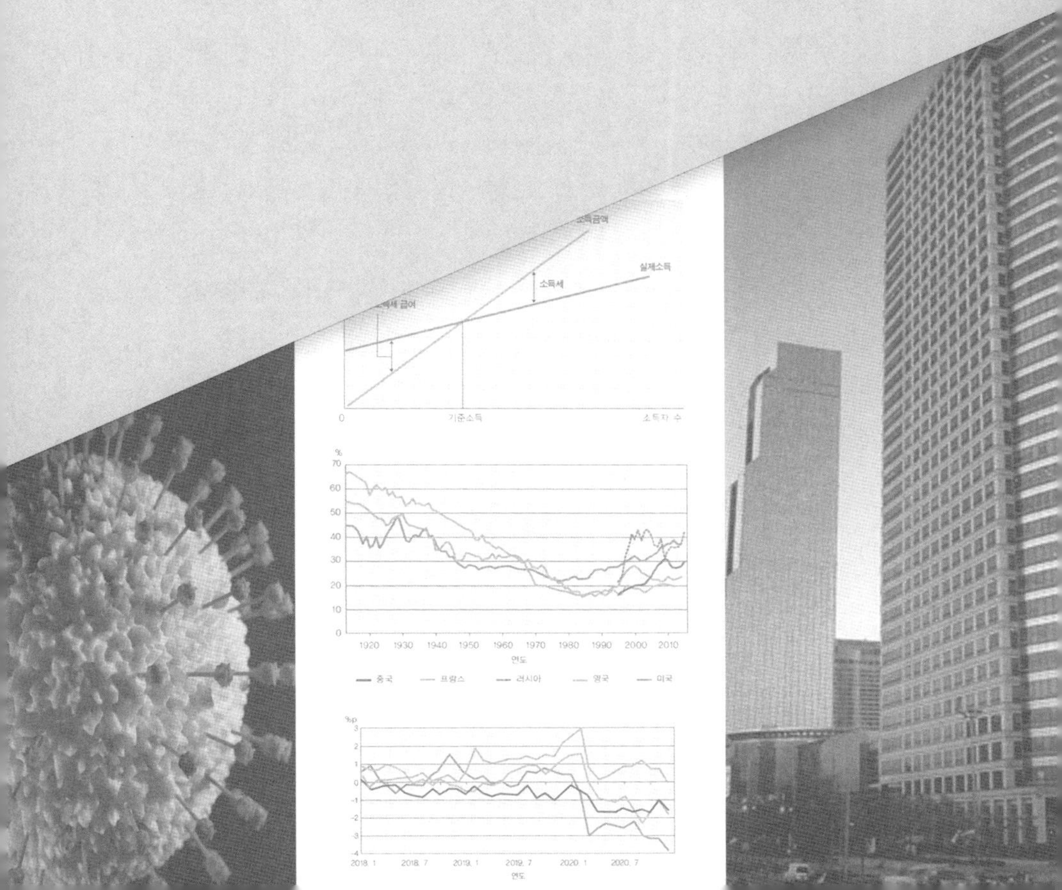

역사의 흐름은 우연히 발생한 사건에 의해서 그 방향이 바뀌어 왔다. 코로나19와 같은 전염병의 창궐이나, 유가(油價) 급상승 등의 사회적 충격, 그리고 식민지 시절로부터의 해방 등의 정치 체제의 급변과 같이 시대의 갑작스런 변화에 어떻게 대응하고 어떠한 사회경제제도를 선택하는가에 따라서 한 사회의 장래 모습은 크게 달라진다.

코로나19는 현재 진행 중인 대유행성 전염병이다. 전염병이 확산되기 시작한지 1년 반 만에 세계경제 모습은 확 바뀌었다. 생산과 유통뿐만 아니라 가계의 소비 양태마저 크게 바뀌었다. 일자리마저 크게 줄어들었다. 이 과정에서 산업 간의 성장격차는 더욱 확대되고 소득 양극화 현상은 더욱 심화되어 갈 것이다.

코로나 이후 시대를 대비해서 우리는 어떠한 사회제도를 선택해야 하는가? 오늘날의 부자와 빈자 그리고 현재 세대와 미래 세대가 다 같이 행복한 나라의 경제제도는 어떤 모습이어야 하는가? 이를 살펴보기 위해서 사회적 대충격에 대응한 선택의 결과에 따라서 달라진 나라들의 역사적 경험을 탐방해 보자.

1. 페스트가 바꿔놓은 유럽 국가들의 미래

페스트(Pest)가 흑해 돈강(River Don)의 항구도시 타나(Tana)에 상륙한 것은 1346년이었다. 감염된 쥐벼룩에 물리거나 감염된 동물과의 접촉에 의해서, 또는 페스트 환자의 분비물이나 호흡기 비말을 통해서 전염병은 빠르게 번져 나갔다. 페스트는 감염되면 살이 썩어 검어지기 때문에 흑사병(黑死病)이라 불렀다. 19세기 말 파스퇴르에 의한 항생제 치료법이 개발되면서 페스트는 역사 속으로 사라진 전염병이 되었다. 그러나 현재까지도 아프리카와 아시아 일부 지역에서 발생 사례가 보고되고 있다.

페스트는 비단길(Silk Road)을 따라 여행하는 상인들을 따라서 중앙아시아 지역으로부터 유입되었다고 한다. 흑해에 상륙한 페스트는 지중해 연안 지역으로 빠르게 번져 나갔다. 1348년에는 전염병이 프랑스와 북아프리카, 이탈리아 등지로, 그리고 스페인과 영국으로 확산되었다. 페스트가 창궐한 지역은 인구의 절반가량이 목숨을 잃었으며 당시 유럽 인구 중 7,500만 명 내지 1억 명이 사망한 것으로 추정되고 있다(그림 2-1).

페스트는 중세 유럽 사회에 엄청난 변화의 바람을 몰고 왔다.

14세기의 유럽은 로마제국 몰락 이후 서유럽에서 태동한 봉건제도

그림 2-1 흑사병의 유럽대륙 전염경로

를 유지하고 있었다. 봉건제도는 왕을 정점으로 하여 그 밑에 영주가 있고, 영주는 다수의 소작농을 거느리고 있는 신분 질서를 토대로 하여 유지되는 정치제도이다.

왕은 군사력을 제공하는 대가로 토지를 영주에게 하사한다. 영주는 하사받은 토지(봉토(封土)라고 함)를 소작농에게 분배한다. 소작농은 토지 경작권을 부여받은 대가로 끊임없는 부역(賦役)과 각종 세금을 징수당했다. 토지에 예속된 소작농은 영주의 허락 없이는 거주 이전의 자유도 없었다. 이 때문에 소작농은 농노(農奴)라 불렸다. 중세 봉건제도는 다수의 소작농이 생산한 부(富)가 극소수의 영주에게로 흘러가는 매우 착취적인 지배 체계였던 것이다.

흑사병의 창궐로 인해 봉건제도의 기초 역할을 감당해 왔던 수많은 농노들이 사망함으로써 노동력이 급감하여 봉건제도의 기반이 크게 흔들렸다. 소작농들이 세금과 부역을 줄여달라고 요구하기 시작하였고, 임금도 차츰 올랐다. 그러나 흑사병 이전 수준으로 임금을 되돌려 놓으려는 영국 정부의 노력은 와트 타일러(Wat Tyler)가 이끄는 농민반란(Peasants' Revolt, 1381) 이후 수포로 돌아갔고, 임금도 상승세를 타기 시작했다.

페스트가 불을 지핀 봉건주의 시대의 착취적인 경제제도의 해체는 권력을 둘러싼 여러 세력들의 첨예한 갈등으로 이어졌다. 경제제도를 둘러싼 투쟁이 절정에 달한 17세기에 획기적인 사건이 터졌다. 1642년 시작된 잉글랜드 내전(English Civil War)과 1688년의 명예혁명(Glorious Revolution)이 그것이다. 명예혁명으로 왕과 가신(家臣)의 권한은 약화되었다. 그리고 경제제도를 결정할 권한은 의회에 귀속되었다. 이에 따라 사회 각계각층이 폭넓게 참여하는 정치제도가 마련된 것이다.

명예혁명은 극소수 권력자를 위한 착취적인 봉건제도를 보다 포용적(包容的)인 경제제도의 모습으로 바꾸어 놓았다. 정부는 투자와 거래·혁신을 꾀할 만한 동기(incentives)를 제공하는 경제제도를 채택했다. 특허권을 부여해서 혁신을 추구할 의욕을 불러일으키는 등 사유재산권을 보호했다. 자의적(恣意的) 과세는 중단되었고 독점은 거의 철폐되었다. 영국 정부는 상업활동을 적극 장려했고 해군을 총동원해서 상인들의 무역활동을 보호했다.

페스트가 몰고 온 봉건주의하의 착취적 경제제도의 붕괴는 국민들의 일하려는 경제적 동기 자체를 변화시키게 되었고 이것이 제1차 산업혁명을 일으키는 계기가 되었다. 영국에서 명예혁명이 일어난 지 몇십년 만에 산업혁명이 시작된 것은 결코 우연이 아니다.

증기기관을 완성한 제임스 와트 등 당시의 발명가들은 자신의 혁신기술이 채택되어 이윤을 남기며 거래되는 시장에 참여할 수 있는 기회를 보장받았다. 또한 특허권도 사유재산 보장 차원에서 보장될 것이라고 믿었다. 페스트가 왕과 귀족의 권한에 항구적인 제한을 가할 수 있는 광범위한 연합세력 형성을 구축하는 계기가 되었기 때문에 포용적이고 다원적인 정치제도의 기틀이 마련된 것이다. 이에 따라서 일하려는 동기를 유발시킬 수 있는 포용적인 경제제도[1]의 발전이 이루어졌다.

16세기 말엽의 잉글랜드, 프랑스, 스페인 등 당시의 서유럽 국가들 간의 제도적 차이는 크지 않았다. 서유럽 국가들은 강력한 중앙집권 체제를 유지하고 있었고 잠재적 헌정제도(의회, 삼부회, 코르테스 등)를 보유하고 있었다. 농노제도가 사라지는 등 경제제도도 서로 유사했다. 그러나 동유럽은 사정이 달랐다.

폴란드(Poland Lithuania)왕국은 슐라흐트(Schlacht)라는 엘리트 지배층의 지배를 받았다. 슐라흐트는 주로 농노가 대부분인 지방 사회를 다스리면서 왕을 선출하는 제도를 도입할 정도로 막강한 권력을 휘둘렀다. 동유럽의 흑사병에 의한 인구 피해는 서유럽과 비슷한 수준이었다. 노동력은 희소해졌고 임금은 높아졌다. 영주들은 소작농을 더 강하게 예속시키기 시작했다. 서유럽 영주보다 규모가 컸던 동유럽 영주들은 사유지를 더 확대해 나갔으며, 농노들의 노동력을 쥐어짜기 시작했다. 소위 재판농노제(Second Serfdom)라는 한층 가혹한 착취제도가 자리를 잡게 된 것이다. 영주들은 심지어는 소작인 소유의 땅에까지 세금을 늘렸다.

1 대론 애쓰모글루·제임스 A. 로빈슨, 《국가는 왜 실패하는가》, 시공사, 2012, pp. 184~189.

동·서유럽 간의 흑사병 이후의 제도적 차이는 아주 사소한 차이에서 비롯된 것이다. 동유럽의 영주는 영지 규모가 비교적 컸고 지배력도 조금 더 강했다. 그러나 서유럽에 비해서 도시는 작았으며 소작농의 결집력은 약했다. 그러나 흑사병의 유행으로 인한 노동력의 격감으로 봉건질서가 크게 흔들리고 있을 때, 일반 대중의 삶과 나라의 운명을 판가름할 수 있는 제도 발전의 방향은 이러한 사소한 차이에서 결정되었다.

서유럽은 산업혁명의 성공을 바탕으로 신대륙의 발견에 의한 식민지 경영으로 치달으며 선진국의 공고한 입장을 다진 반면에, 동유럽은 여전히 개발도상국 지위에 머물렀다. 흑사병이란 재난은 한 사회의 경제 또는 정치 균형을 뒤흔들어 놓는 결정적인 분기점(critical junction) 역할을 수행하게 된 것이다.

페스트는 유럽 대륙 국가들의 장래 모습을 크게 바꾸어 놓았다. 페스트가 휩쓸고 간 지역의 인구는 절반가량이 목숨을 잃었다. 당시의 가장 중요한 생산수단이었던 노동력이 갑자기 절반 수준으로 감소한 사회적 충격에 대처하는 길은 두 가지로 나눌 수 있다.

하나는 노동자에게 일하려는 동기(incentives)를 부여할 수 있는 새로운 노동관리 시스템을 만들어 대응하는 것이고, 다른 하나는 노동자를 더 혹사시킬 수 있도록 보다 강화된 노동관리 시스템을 만들어 내는 것이다. 그러나 이런 사소한 차이가 나라의 미래 모습을 결정하게 된 것이다.

페스트 창궐 이전(1346년 이전)까지만 해도 정치·경제제도에 관한 한 동·서유럽은 차이가 벌어지지 않았지만 1600년 무렵에는 그 격차가 크게 벌어졌다. 서유럽 노동자는 세금이나 벌금 또는 규제로부터 자유로워졌고 호황을 맞이한 시장경제 체제의 당당한 구성원이 되었지만, 동유럽 노동자는 가난한 봉건제도하의 소작인(농노) 신분을 계속해서 유지하고 있었다.

사람들에게 스스로 일하려는 동기(Incentives)를 부여하는 정치·경제제도가 무엇보다 중요함을 일깨워 주는 역사적 사례인 것이다.

2. 38선이 갈라놓은 남북한의 경제력과 삶의 질 격차

1945년 8월 15일, 태평양전쟁(제2차 세계대전)은 일본의 무조건 항복 선언으로 끝났다. 이로부터 채 한 달도 지나기 전에 한반도는 북위 38°선을 경계로 두 동강이 났다. 남쪽은 미국의 그리고 북쪽은 소련의 군정(軍政) 체계하에서 서로 다른 국가 체제를 이루고 두 나라로 갈라서게 된 것이다. 그리고 대한민국과 조선민주주의인민공화국이 동시에 탄생했다. 1950년에는 북한의 인민군이 남한을 침공하면서 민족상잔(民族相殘)의 6.25동란이 일어났다. 그러나 3년여에 걸친 전쟁은 양 진영 통틀어서 모두 560만 명이 죽고 다치는 인명 피해를 야기하고 1953년에 휴전으로 끝났지만, 전쟁 당시에 그어진 휴전선을 경계로 하여 남북한 분리 체계는 70년이 가까운 오늘날까지 이어지고 있다.

남북한은 오랜 단일 민족국가로서의 역사를 이어 왔다. 두 나라는 같은 언어를 사용하는 같은 문화적 배경을 공유하고 있다. 봉건적인 조선에서 일본 식민지 시대를 거쳐서 새로운 국가를 세운 것도 똑같다. 남쪽은 주둔국인 미국의 영향을 받아서 자본주의 시장경제 체제를 선택했다. 그러나 북쪽은 소련의 영향을 받아서 사회주의 경제 체제를 선택했다. 서로 다른 경제 체제 속에서 치열한 체제경쟁을 하면서 오늘날에 이르고 있는 것이다.

그림 2-2 남북한의 1인당 국민소득(명목소득)

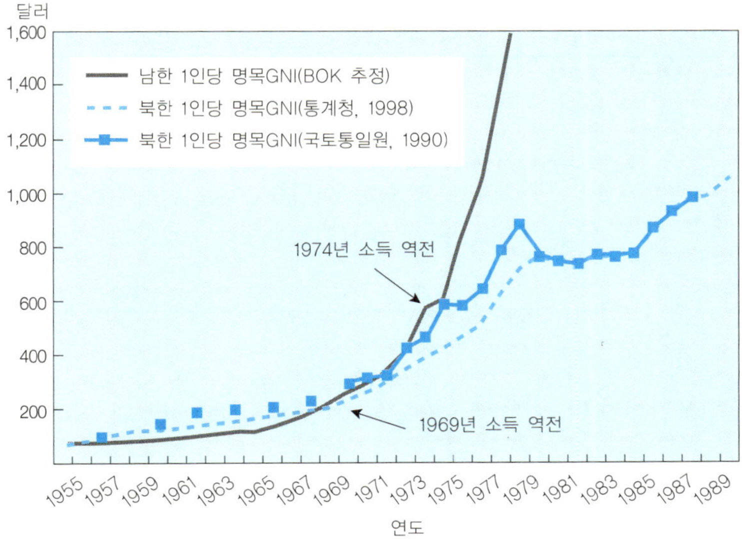

분단의 역사가 80년에 가까워지면서 남과 북 두 나라 국민의 삶의 모습이나 국부(國富)의 크기는 확연히 달라졌다. 1960년 북한 국민 1인당 소득은 137달러로 남한 국민 1인당 소득 94달러보다 1.5배나 컸다. 1960년까지만 해도 북한 국민들이 남한 국민보다 더 잘 살았다. 그러나 2019년의 북한 국민 1인당 소득은 1,195달러로 남한 국민(29,745달러)의 1/25 수준에 불과했다. 체제경쟁을 하는 50년 사이에 소득격차가 크게 벌어지게 된 것이다(그림 2-2).

표 2-1 남북한 국민총소득의 변화 추이

(단위: 1,000US$, 배)

		1970년	1980년	1990년	2000년	2010년	2020년
인구 수	남한	32,241	38,124	42,869	47,008	49,554	51,821
(천 명)	북한	14,901	17,622	20,221	23,702	24,187	25,887
한국 국민총소득(A)		265,466,868	305,140,590	722,009,548	819,876,880	1,203,553,266	1,541,503,919
북한 국민총소득(B)		5,536,461	11,100,212	16,705,529	10,592,558	13,959,676	16,387,014
비율(배) B/A		47.9	27.5	43.2	77.1	86.2	94.1

남북한의 국민 1인당 명목소득은 1970년대 초반(1974년)에 소득 역전 현상이 일어났다. 그 이후 남북한의 경제 성장률 격차가 계속되면서 20년 후인 1995년에는 국민 1인당 소득은 12배로, 다시 20년 후인 2015년에는 23.5배로 소득격차가 더 벌어졌다. 그리고 2020년의 남북한 국민의 1인당 소득은 30배 이상 벌어지게 될 것으로 예상된다. 인구 수를 고려하지 않은 남북한 두 나라의 국민총소득(GNI)은 1970년의 48배 수준에서 2020년에는 94배 수준으로 50년 만에 두 배 정도나 그 격차가 더 벌어지게 된 것이다. 휴전선을 경계로 북쪽에는 가난한 나라가, 남쪽에는 부자 나라가 자리를 잡게 된 것이다(표 2-1).

국민 1인당 소득 수준이 30배 이상 차이가 난다는 것은 무슨 뜻일까?

남한 국민은 유럽 대륙의 전통적으로 부유한 나라 곳지 않은 풍족하고 윤택한 생활을 누리고 있다. 반면에 북한 주민은 사하라사막 이남의 가난한 아프리카 국가들과 비슷한 생활환경에 처해 있다는 뜻이다.

북한의 도로, 철도 등 사회간접자본(SOC) 구축은 여전히 낙후 상태에 머물러 있다. 북한의 의료 체계는 빈약하여 주민의 건강 역시 열악하다. 북한 주민의 평균수명이 남한 주민보다 10년 이상 짧은 것이 이를 입증한다. 전력난(電力難) 역시 심각하다. 북한 주민은 거의 칠흑 같은 밤을 보내야 한다. 일본 식민지 시대 이후에도 별로 달라지지 않은 삶을 북한 주민은 여전히 살아가고 있는 것이다.

인공위성에서 찍은 한반도의 야경(夜景)은 이를 여실히 보여 준다. 대낮같이 밝은 남한의 밤과 평양을 제외하고는 칠흙 같은 북한의 어둠은 남과 북 주민의 극명한 삶의 질 격차를 있는 그대로 잘 보여 주고 있는 것이다(그림 2-3).

한국의 4대 기업그룹이 한미 정상회담을 앞두고 대대적인 미국 투자에 나섰다고 한다. 북한의 1년간 국민총생산(GDP)에 필적하는 막대한 투자를 통해서 반도체와 배터리 등을 미국 현지에서 생산할 계획인 것이다.

삼성전자의 20조 원 규모의 파운드리(반도체 위탁생산) 공장 증설 계획과 현대차 그룹의 전기차 생산과 설비 확충(8조 원), SK이노베이션의

그림 2-3 인공위성에서 찍은 한반도 주변 야경

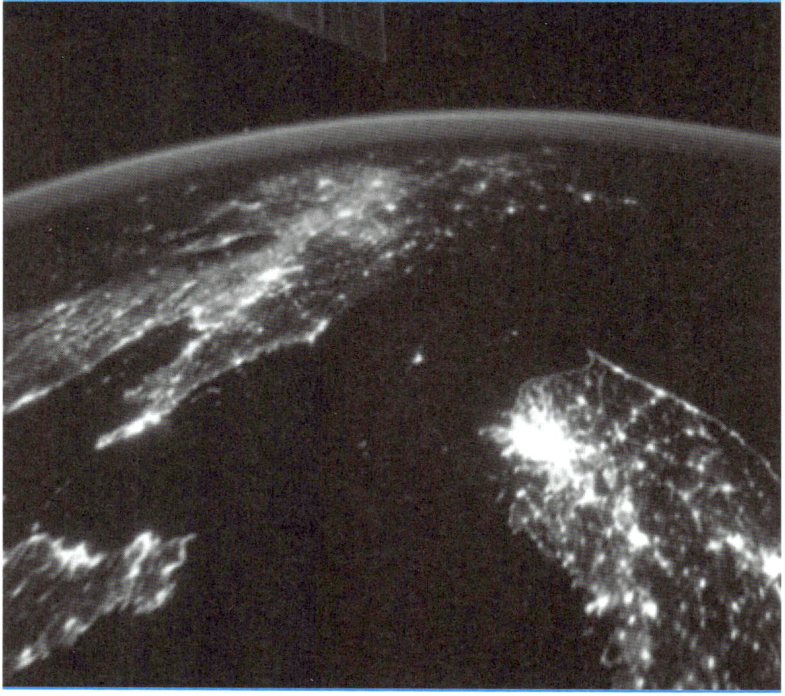

조지아주 배터리 3, 4공장 추가 건설(5조 원), 그리고 LG에너지솔루션의 3개소 배터리 공장 신설 계획(7.7조 원) 등이 그것이다.

세계 최대시장인 미국 수요를 잡겠다는 표면적인 이유가 크지만, 바이든 행정부의 일자리 늘리기와 'Buy American'(미국 생산제품 우선구매) 정책에 대응하기 위한 성격의 정치적인 이유도 내재되어 있다는 분석이다.

6.25동란을 거치면서 폐허로 변한 나라에서 미국이 보내준 밀가루와 우유가루로 가까스로 연명했던 나라가 오늘날의 대한민국이다. PL480(미공법 480호)에 의한 미국의 잉여농산물 원조 덕분에 전쟁으로 인한 폐허 속에서 직면한 절대빈곤 상태를 힘겹게 벗어난 대한민국이다. 그러나 이제는 미국의 권유를 받아들여서 미국 현지 생산시설에 대규모 투자를 감행할 정도로 경제적 위상이 높아져 있는 것이 오늘날의 대한민국인 것이다.

반면에 북한의 오늘날은 어떠한가? "너 죽고 나 죽자"라는 식의 핵무기 개발과 과시가 북한 경제를 더 어렵게 하고 있다. 핵무기 개발 억제를 위한 국제사회의 강화된 제제조치 속에서 북한 경제는 무역 감소에 의한 심각한 외화 부족에 시달려 왔다. 또한 비료 부족 등으로 인한 식량난마저 가중되고 있다. 거기에다 코로나19 전염병 예방을 위한 국경봉쇄조치에 의해서 스스로 국제적 고립 상태를 강화하고 있기 때문에 마치 고도(孤島)에 유배된 처지와 마찬가지의 잊혀진 나라가 되고 있다.

북한이 당면하고 있는 경제적 위기를 어떻게 벗어날 것인가?

북한 지도자 김정은은 "1990년대의 고난의 행군을 결심"해야 한다며 북한 주민의 단결을 호소하고 있다(2021. 3. 7 연설). 그러나 주민들의 열악한 소득과 삶의 질을 향상시키겠다는 계획은 찾아보기 힘든 대신에, 화학과 금속공업에 투자를 집중하겠다는 계획만 강조하고 있다.

휴전선을 경계로 하는 남북한 간의 경제적 격차는 예전부터 지속되어 왔던 것이 아니고, 분단 이후 남북한 정부가 서로 다른 경제운용 방식을 채택하면서 시작된 것이다.

남한 정부는 사유재산이 인정되는 시장경제 체제를 채택했으나 북한 정부는 이른바 주체사상의 일환으로 중앙계획경제 체제를 도입했다. 사유재산이 불법화되고 시장 역시 금지되었다. 사유재산이 금지된다는 것은 사람들의 일하려는 동기 유발을 어렵게 한다는 뜻이다. 투자는 물론 생산성 향상이나 유지를 위해서 일할 동기가 모자라서 혁신이나 신기술 도입이 어려워진다는 것이다. 이러한 소위 '우리식 사회주의적' 경제운용 방식에 의해서 북한의 산업생산성은 향상되기는커녕 제자리를 맴돌았고, 심지어 농업생산성까지 추락하여 국민들을 기아 상태로 내몰아 왔다. 그것이 북한이 겪은 '1990년대의 고난의 행군 시대'였다.(1994년부터 1998년까지 북한 경제는 5년 연속 음(−)의 성장을 거듭했다.)

남한 경제는 고도성장기를 거치면서 지속적인 성장 추세를 유지하고 있는 반면에, 북한은 답보 상태를 벗어나지 못하여 절대빈곤 상태에 여전히 머물고 있다. 겨우 반세기 만에 한 뿌리에서 갈라진 두 나라 국민의 1인당 소득격차는 25배 차이로 벌어지고 있다. 충격적인 결과가 아닐 수 없다.

남북한 국민이 단기간 내에 왜 이토록 완연히 다른 운명의 길을 걸었는지는 문화나 지리적 요인 등 무엇으로도 설명할 수 없다. 운명의 전환점을 만든 것은 '제도'였다. 사람들의 '경제하려는 의지'를 유발할 수 있는 제도의 선택 여부였다.

포용적 경제제도(inclusive economic institutions)란 사유재산이 확고히 보장되고, 법 체제가 공평무사(公平無私)하게 시행되며, 누구에게나 교환 및 계약이 가능한 공정한 경쟁환경을 보장하는 공공 서비스를 제공한다는 뜻이다.

포용적 경제제도는 또한 새로운 기업의 참여를 허용하고 개인에게 직업 선택의 자유를 보장한다.

남북한의 통일이 이루어져 포용적 경제제도가 정착된다면 한반도는 새로운 번영 시대를 경험하게 될 것으로 많은 사람들이 전망하고 있다.

남한의 자본 및 선진 기술자원과 북한의 풍부한 인적자원 및 광물자원이 결합되고 유라시아 대륙 시장과 바로 연결되는 철도망이 가동된다면, 한반도의 새로운 경제 번영 시대가 열릴 것으로 기대되기 때문이다. 미국의 증권회사 골드만삭스(Goldman Sachs)는 통일한국이 2050년에는 국민소득 8만 달러를 실현하는 세계 제2위의 경제강국이 될 수 있다는 분홍빛 전망마저 내놓지 않았던가?

그러나 북한의 극소수 지배계층이 누리고 있는 기득권을 스스로 내려놓기를 기대하기는 어렵다. 기득권 포기에 대한 설득력 있는 반대급부를 주는 것도 어렵다. 그렇다고 해서 재앙 수준의 빈곤 속에서 허덕이는 북한 동포들을 한사코 외면하기는 더더욱 어렵다. 제2차 세계대전이 끝난 이후 두 나라로 쪼개졌던 독일과 베트남이 다시 한 나라로 바뀌어 경제번영의 길로 치닫고 있는 것을 우리는 잘 알고 있기 때문이다.

북한 주민들의 지도자 김정은에 대한 열광적인 지지를 보이는 그림 그대로 받아들여서는 안된다. 똑같은 옷에, 똑같은 빨간 꽃을 흔들며 광신도(狂信徒) 같은 그들의 환호는 독재정권의 경계의 눈초리를 벗어나기 위한 처참한 몸부림에 지나지 않음을 익히 알고 있기 때문이다. 북한 주민들에게 도움을 줄 수 있는 길을 찾아내야 한다. 무엇보다 독재정권의 억압에서 벗어날 수 있는 길을 찾고, 또 응원해야 한다.

3. 국가파산 상태로 내몰린 베네수엘라의 포퓰리즘 실험

"자본주의는 자본주의 자체로부터는 극복될 수 없다. 사회주의, 평등과 정의를 지닌 진실한 사회주의를 통해서 … 우리는 사회주의를 다시 발견해야만 한다. 소련에서 보았던 그러한 사회주의일 수는 없다. 경쟁이 아닌 협동에 기반한 새로운 체제를 우리가 발전시킬 때 그것은 출현할 것이다."[2]

1999년 2월 2일 취임하여 2013년 3월 5일 대장암으로 사망할 때까지 차베스는 14년 1개월 동안 베네수엘라를 통치했다. 그의 통치기간 중에 베네수엘라 경제는 연평균 2.7%의 성장률을 기록했다. 이에 따라 국민 1인당 연평균 소득성장률은 2%를 기록했다.

그러나 차베스 집권 이전 20년 동안(1978~1998)에는 국민 1인당 소득은 21.5% 감소했다. 국민소득은 정체 내지 감소하고 대외부채는 크게 증가했다. 베네수엘라 경제의 정체는 남미 지역 전체의 경제 정체 현상과 궤(軌)를 같이하고 있었다. 1980년 이후 2000년까지의 남미 지역 국가들의 국민 1인당 성장률은 0.3%에 불과했다. 예컨대, 브라질 국민의 1인당

2 차베스, 〈세계 사회 포럼〉, 2005년 1월 30일 연설.

그림 2-4 차베스 집권 전후의 베네수엘라 실질GDP 변화 추세

자료: 통계청.

소득은 1980년 8,458달러였지만 2000년 소득은 8,504달러로 거의 변함이 없었다. 따라서 같은 기간 동안 차베스 통치하의 1인당 소득성장률 2%는 상대적으로 높은 수치였다(그림 2-4).

특히, 2008년에 발생한 세계 금융위기가 발생하기 이전인 2003년부터 2008년까지의 베네수엘라 경제성장률은 13.5%에 달할 정도로 높았다. 5년 동안 베네수엘라 경제 규모는 거의 두 배로 성장했다.

베네수엘라와 남미 제국 국민들의 차베스에 대한 열광적인 지지는

그림 2-5 차베스 시대의 빈곤율과 소득분배율

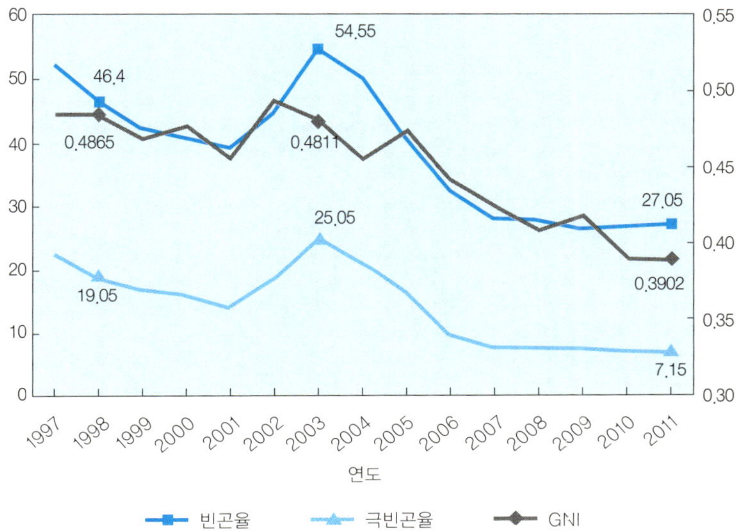

자료: 오마이뉴스, 〈악마와 천사, 차베스 시대 경제를 평가하다〉, 2013. 3. 11.

오랜 기간 계속되어 왔던 경기 침체와 빈곤 그리고 물가상승 추세로부터 탈출할 수 있는 희망을 보여 주었기 때문이라 할 수 있다.

차베스는 재정수입의 50~60%를 소위 사회적 경제라 일컬어지는 사회복지 부문에 지출하고 있었는데, 여기에 국영석유회사와 국가개발펀드의 직접 지출과 투자를 포함시킬 경우 1999년에는 GDP의 24.5%에서

그림 2-6 차베스 집권 전후의 베네수엘라 물가상승률

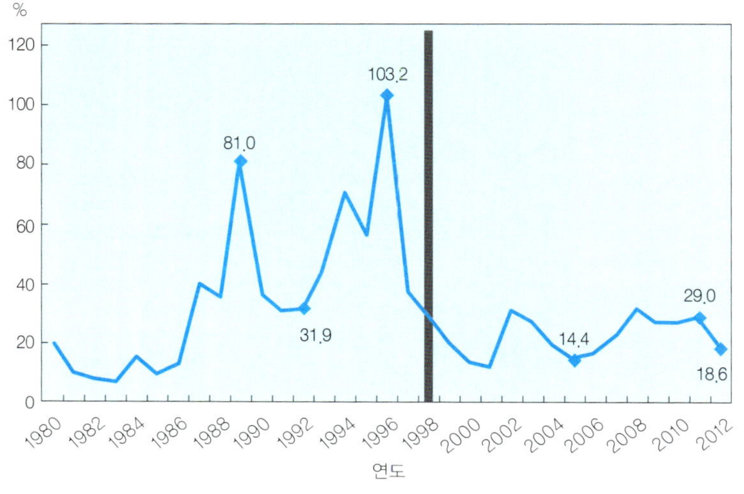

자료: 오마이뉴스, 〈악마와 천사, 차베스 시대 경제를 평가하다〉, 2013. 3. 11.

2006년에는 40%까지 상승했다가 2008년 금융위기 이후에는 30%가량을 사회적 지출에 투입했다. 이러한 사회적 지출의 증가 영향으로 빈곤율은 1998년의 48.7%에서 2011년 27%로 감소했다. 이에 따라서 소득 불평등 정도를 나타내는 지니계수는 1998년 0.49에서 2011년 0.39로 크게 감소했다(그림 2-5).

남미의 고질병인 물가상승률도 차베스 통치기간 14년 동안에 취임 이전의 높고 불안정한 널뛰기식의 상승률(31.9~103.2%)에서 벗어나

비교적 안정적(14.4~29.9%)으로 관리되었다(그림 2-6).

베네수엘라는 5,000억 배럴에 달하는 세계최대의 석유매장량을 보유하고 있으며, 이 중에서 매년 10억 달러에 해당하는 석유를 채굴하는 자원부국이다. 석유값이 상승하면서 차베스 취임 이후 2000~2012년까지 13년간 7,800억 달러의 수익을 올렸다. 직전 13년간(1987~1999)의 3,100억 달러보다 2.5배나 많다. 이 돈을 무상교육, 무상의료, 저소득층 보조금 지급에 쏟아부었다. 이 결과 소득 불평등도가 줄어들게 된 것이다.

하지만 거기까지였다. 한때 배럴당 150달러까지 치솟았던 국제유가가 110달러(2014. 6), 그리고 40달러(2015. 12)로 계속 떨어졌다. 그리고 낮아진 석유가격은 2021년 현재까지 계속 낮은 수준으로 유지되고 있다. 석유값이 급락하여 낮은 수준을 계속 유지하면서 석유판매 수입에만 의존했던 베네수엘라 경제는 파국을 맞게 되었다.

IMF 추산에 따르면, 2018년 베네수엘라의 경제성장률은 −39%였다. 10년 전 1만 달러가 넘던 국민 1인당 GDP는 1/4 수준인 2,547달러로 주저앉았다. 그러나 GDP 대비 정부 지출은 2000년의 28%에서 2018년 41%로 증가했다. 2018년 실업률은 35%였고 GDP 대비 국가부채 규모도 182%로, 10년 전(25%)보다 7배 이상 커졌다. 물가는 2018년에만 20만%, 즉 2,000배나 올랐다. 이게 어찌 사람이 살만한 세상인가?

차베스의 사상은 반미(反美) – 반자본주의 – 반세계화 – 포퓰리즘의 혼합으로 설명할 수 있다. 그는 "자본주의는 우리를 지옥으로 직행하게 한다. 사회주의야말로 베네수엘라와 세계 수많은 사람들을 빈곤과 불평등에서 구할 수 있는 유일한 길이다"라고 주장하며, 자신의 노선을 '21세기 사회주의 혁명'이라 했다.

차베스는 자본가 등 부패한 기득권 세력으로부터 민중을 해방시키고, 동시에 미국 등 자본제국주의의 지배로부터 벗어나게 하겠다고 했다. 그는 '자본에 대한 민중통제'를 실현하기 위해서 대다수 기업의 경영자와 전문인력을 제거하고, 대신에 노자(勞資) 위원회를 구성하여 기업을 경영하게 했다. 또한 자본에 대한 민중통제를 실현한다면서 26만 개의 협동조합기업을 설립했다. 대부분의 주요 기업들은 국유화되었다. 다국적기업도 자산을 몰수당하거나 강매당했다. 이로 인해 외국 자본은 속속 철수했고 유능한 경영자와 기술인력 1만 명 이상이 국외로 탈출하면서 산업체의 40%가 도산하는 등 제조업 기반이 붕괴되었다. 베네수엘라 석유공사(PDVSA)도 국유화되었다. 석유공사 직원의 40%에 해당하는 1만 8,000명과 연구개발 인력의 80%를 해고하고, 대신에 자신을 추종하는 노동자로 빈자리를 채웠다.

베네수엘라 외화수입의 90%를 벌어들이던 석유공사는 경영 부실과 재투자 부족으로 단기간 내에 부실기업으로 전락했다.

제조업 기반의 붕괴로 주요 생필품 가격이 상승하자, 차베스 정부는 생필품 가격을 통제하기 시작했다. 채산성이 악화된 기업체는 생산을 포기했고 제조업도 무너지기 시작하면서 물자 부족 현상은 더욱 심각해졌다. 농산물 가격마저 통제했기 때문에 농사를 포기하는 농민이 늘어나서 식료품 부족 현상마저 가세했다. 이에 대응하여 식품과 생필품의 상당 부분을 수입해야 했지만 국제석유가격의 급락으로 외화수입도 크게 줄어서 수입도 어려워졌다. 이에 대응하기 위한 외환관리 통제로 무역업자도 대부분 파산했다. 심각한 물자 부족에 이은 살인적인 물가상승 때문에 주민들은 대대적인 시위에 나섰다.

시장의 통제를 위해서는 사회 전체를 통제할 수밖에 없다. 차베스는 사법기관과 언론을 장악한 데 이어 선거관리위원회까지 추종자로 채웠다. 이를 통해서 국회 의석 수 90%를 확보해서 헌법 개정을 강행했다. 대통령 임기를 5년 단임제로부터 6년 중임제로 바꾼 것이다. 그러나 차베스는 임기를 채우기 전에 사망했다. 차베스의 후계자 마두로 집권 후에 나라 경제는 더 나빠졌다.

국가는 사실상 파산 상태이고 기아와 범죄가 만연한 나라가 되었다. IMF가 조사한 국가경쟁력 순위도 2019년 현재 조사 대상 141개국 중에서 133위로 최하위권에 처져 있다.

석유 수입을 소위 사회적 경제라 일컬어지는 복지 부문에 쏟아부으면서 시작된 차베스식의 석유 포퓰리즘(Petro-populism)은 2008년 이후 석유값이 급락하여 저유가 시대가 10년 이상 계속되면서 베네수엘라 국가 경제는 심각한 파산 상태에 이르고 있다.

과연 차베스의 포퓰리즘 실험은 실패로 끝났는가? 그래서 앞으로 자취를 감출 것인가? 아니다. 차베스가 베네수엘라 국민의 뇌리에 심어 놓은 공짜의 꿈이 사라지지 않는 한 실험은 앞으로도 누군가의 주동으로 계속될 것이다. 공짜만큼 달콤한 게 또 어디 있는가?

우리는 역사에서 배울 수 있어야 한다.

민주주의란 세계적으로 보편화된 정치제도이다. 민주주의란 용어가 널리 회자(膾炙)되어 오히려 진부해진 오늘날에도 민주주의와 역행되는 일들이 전 세계인이 주시하는 가운데 버젓이 벌어지고 있다.

러시아 푸틴 대통령은 앞으로 2036년까지 자리를 유지할 수 있는 법안에 2021년 서명했다고 한다.

1991년, 소비에트 연방의 해체로 새로 탄생한 오늘날의 러시아에서 옛날 소비에트 연방 시절에 29년간 권좌에 있었던 스탈린의 통치기간을 넘어설 수도 있는 새로운 "차르"(czar)가 탄생하는 정치혁명이 민주적인 절차에 의해 이뤄진 것이다.

중국은 2018년 민주적 방식에 의한 개헌을 통해서 "국가주석 2기 초과 연임 불가" 조항을 삭제했다. 이에 따라 주석직의 3번 연임 또는 그 이상 연임도 가능해졌다. 중국의 차기 지도자 선출 방식인 격대지정(隔代指定)원칙[3]도 무너졌다. 이에 따라서 중국의 예측 가능했던 정치집단 지도 체계가 사라진 대신에 새로운 황제와 같은 1인 지배 체제가 탄생하게 된 것이다.

중국 인민들은 환호하는 모습을 보이고는 있다. 그러나 중국 정부에 비판적인 보도를 해오던 홍콩의 빈과일보는 강제 폐간되었다. 당국에 체포된 이 신문사 간부는 "여기에는 언론 자유도, 미래도 없다"라고 절규하고 있다.

우리나라와 국경을 맞대고 있는 북한은 인민민주주의공화국의 이

3 마오쩌둥 1인 독재의 폐해를 막기 위하여, 당대의 최고권력자가 차기를 뛰어넘고 차차기 후임자를 지정, 육성하는 국가주석 선정 방식으로 덩샤오핑이 만들었던 제도였다.

름으로 소위 백두혈통에 의한 김일성, 김정일, 김정은으로 이어지는 왕조(王朝) 아닌 3대에 걸친 왕조국가 체제를 이루고 있다.

현대판 왕조국가 지도자의 안중에는 왕좌(王座)를 지키기 위한 정권 안보밖에는 보이는 게 별로 없다.

이 때문에 국가들은 기아 상태에 빠져서 고난의 행군을 거듭하고 있는데도 불구하고, 핵미사일 개발에만 매달리고 있는 북한 지도자 김정은을 두고 대한민국 문대통령이 "정직하고 열정적이며 의지가 강하다"라고 공개적으로 긍정 평가해서 국민들이 갸웃했던 적이 있다. 외교적 수사(rhetoric)에 불과하다고 해석하고 그냥 넘어가도 될 일인가?

중요한 것은 정치 지도자의 선택에 의해서 나라의 장래 모습이 결정된다는 점이다.

그러나 정치 지도자는 누가 뽑는가? 그리고 그의 의사결정에 가장 큰 영향력을 미치는 자는 누구인가? 그것은 국민, 특히 유권자이다. 그러므로 유권자가 뽑게 되는 정치 지도자의 수준은 유권자 수준과 크게 다를 바가 없다. 결국 국민들은 자기 수준에 걸맞는 정치 지도자와 정부를 갖게 된다.

푸틴은 현재의 러시아 국민들의 정치 수준을 대표하고, 김정은은 북한 주민들의 수준을 대표한다고 볼 수밖에 없다.

만약 우리가 역사에서 제대로 배우지 못한다면, 민주주의 이름하에 선출된 정치 지도자의 선택에 따라서 이 나라는 어디로 끌려갈지 아무도 모른다. 사회적 대충격에서 회복되는 과정에서 우리는 차기 대통령 선거를 해야 한다. 좋은 정치 지도자를 뽑아야 좋은 나라를 만들어서 후세에 전할 수 있다.

Chapter 3

심화되고 있는 소득 양극화 해소를 위한 정책 선택의 갈등

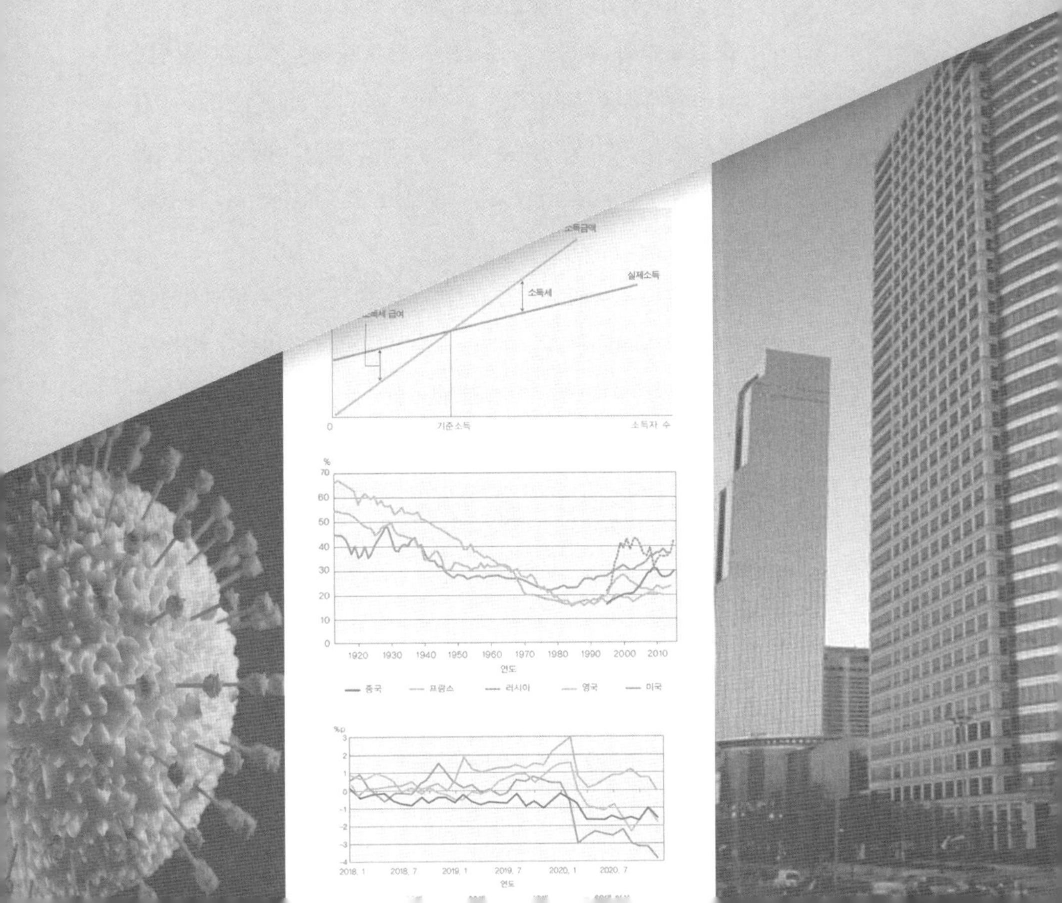

“젖과 꿀이 흐르는 가나안 땅” (출, 3:8)을 찾기 위한 인류의 꿈은 과연 이룰 수 없는 꿈인가?

인류는 젖과 꿀을 많이 만들어 내기 위해서 시장경쟁이란 보이지 않는 손(Invisible hand)을 고안해 냈다. 또한 젖과 꿀을 골고루 분배하기 위해서 정부의 시장 간섭이란 또 다른 보이지 않는 손마저 고안해 냈다.

그러나 “보릿고개” 와 “절량농가” 로 상징되는 40~50년 전의 절대 빈곤인구는 이 땅에서 비록 자취를 감추었지만, 부자와 빈자 간의 상대적 빈곤이 야기하고 있는 사회 양극화 현상은 오늘날 더욱 심화되고 있다. 이에 따라서 정치권도 성장이냐, 분배냐를 두고 소위 “보수” 와 “진보” 로 나뉘어져서 나라를 분열시키고 있다.

물론, 나눠 먹을 빵 덩어리를 키울 성장이 어려워지면, 고루 나눠 먹는 분배도 어려워지게 된다. 그러나 젖과 꿀이 흐르는 가나안 땅에 이르기 위해서는 경제적 약자와 함께 성장하는 공정한 상생 경영을 지향하는 기업문화가 자리 잡아야 하고, 능력이 모자란 자를 힘써 배려하는 공정한 분배를 지향하는 정치문화가 자리 잡아야 한다.

1. 능력주의가 이끌어 온 경제성장과 사회 양극화 심화

"사람들은 아버지를 난장이라고 불렀다. 사람들은 옳게 보았다. 아버지는 난장이였다. 불행하게도 사람들은 아버지를 보는 것 하나만 옳았다. 그 밖의 것들은 하나도 옳지 않았다.

천국에 사는 사람들은 지옥을 생각할 필요가 없다. 그러나 우리 다섯 식구는 지옥에 살면서 천국을 생각했다. 단 하루라도 천국을 생각해 보지 않은 날이 없다. 하루하루의 생활이 지겨웠기 때문이다. 우리의 생활은 전쟁과 같았다. 우리는 그 전쟁에서 날마다 지기만 했다."[1]

《난장이가 쏘아올린 작은 공》은 1970년대 산업화 시대에 살고 있었던 난쟁이로 상징되는 낮고 못 가진 자의 이야기다. 많은 사람들이 물질적 이익을 추구하려고 허둥대던 시절에 살았던 난쟁이들의 불행과 비극은 산업화 경제성장이 성공하여 비약적인 경제성장을 이룩한 오늘날에도 우리 사회의 한 모퉁이에서 여전히 살아 움직이고 있는 모습이다. 이러한 비극적인 현실을 초래하는 원인들이 제대로 해소되지 않았기 때문

1 조세희, 《난장이가 쏘아올린 작은 공》, 1978.

에 사회적 충격이 발생할 때마다 어둠 속에서 솟아올라서 모습을 드러내고 있는 것이다.

코로나19 충격이 우리 사회의 빈곤계층에 더 많은 피해를 끼친 결과 빈곤 악화 문제가 수면 위로 드러나고 있는 것이 좋은 예이다.

경제사회는 경쟁력이 강한 자와 약한 자가 공존하면서 같이 살아가는 사회다. 그러나 경쟁력이 약한 작고 낮은 자들이 없이는 경제 발전도, 개발도 이루어 낼 수 없다. 생산요소 가운데 가장 중요한 노동력을 제공하는 원천이 바로 작은 자와 낮은 자들이기 때문이다. 그러나 노동 제공의 대가인 임금(賃金)이 소위 한계생산력(marginal productivity)이라는 기준 때문에 낮은 수준으로 평가된다는 근본적인 문제가 있다.

예컨대, 일정 면적의 토지가 주어져 있다고 하자. 이 땅에 노동력 1명을 투입하면 벼 10가마니, 2명을 투입하면 15가마니, 3명을 투입하면 18가마니의 벼가 생산된다고 하자. 이때 추가적으로 투입되는 노동 1인당 한계생산력은 10가마니, 5가마니, 3가마니로 한계생산력은 줄게 된다(한계생산 체감의 법칙). 생산에 투입된 노동자의 임금은 추가적인 고용에 의한 추가적인 산출 효과에 의해서 결정된다. 따라서 임금 수준은 평균보다 낮은 수준으로 평가될 수밖에 없다. 또한 생산수단(토지)을 소유한 소수의 지주(자본가)와 다수의 노동자 사이에서는 일반적으로 공정한 계약이 이루어지지 않고 자본가에게 더 유리한 방향으로 계약이 체결되는 경향이 많다. 그러므로 실제 이루어지는 불공정한 계약 관행 때문에 노동자가 받게 되는 임금 수준은 보다 낮아질 수도 있다. 그러나 노동 제공의 대가로 받게 되는 경제적 약자의 낮은 임금 수준을 전적으로 작은 자와 낮은 자의 책임으로 돌릴 수는 없다. 왜냐하면 가난을 구제하기 위해서 불공정한 계약관행을 고치거나, 새로운 좋은 일자리를 만들기에 실패한 나라에게도 책임이 있기 때문이다.

그러나 제도를 통해서 나라를 다스리거나(행정부), 제도 자체를 고치거나(입법부), 제도 적용의 잘잘못을 가리는(사법부) 사회의 지도층도 기득권 유지 차원에서 제도개혁에는 소극적이다. 예컨대, 인도의 부자들은 자식들을 옥스퍼드나 케임브리지 대학에 유학 보낸다. 선진국의 좋은 대학에서 공부를 마친 자식들은 인도로 돌아와서 정치인·법률가가 되어 크고 높은 지위를 얻게 된다. 그들은 사회적 정의가 무엇인지도 잘 알고 있고, 무엇을 해야 하는지도 잘 알고 있다. 그러나 이를 실현하기 위한 의사결정에는 소극적이다. 왜냐하면 그러한 결정의 대부분은 자신들에게 불리한 의사결정이 되기 때문이다.

이것이 소수에 의한 부(富)의 대물림 현상으로 인도가 오랜 기간 동안 계급화 사회를 지속하면서 가난을 벗어나지 못하고 있는 가장 큰 이유인 것이다. 소수에 의한 부의 대물림 현상이 다수의 가난 대물림 현상을 고착화시키고 있는 현상은 전혀 바람직스럽지 않은 것이다.

주어진 여건하에서, 각 개인의 이윤이나 효용을 극대화시키기 위한 치열한 경쟁 과정을 통하여 그 사회는 경제적으로 사회적 후생을 극대화할 수 있다는 것이 시장경제 질서의 유용성을 대표하는 논리였다.

물론 일정한 전제조건과 가정하에서는 이러한 경쟁논리는 옳다. 그러나 그 전제와 가정이 지나치게 비현실적임을 부정할 수는 없다. 무엇보다도 경쟁을 시작하는 출발점에서 보유하고 있는 개인별 차이가 너무 크다는 점이다.

'작은 자'와 '낮은 자'가 '큰 자'와 '높은 자'를 상대로 하여 각자의 이익과 효용을 극대화시키기 위한 경쟁의 결과는 '작은 자'와 '낮은 자'의 패배로 끝나는 것이 당연하다.

"… 사람들은 사랑이 없는 욕망만 갖고 있습니다. 그래서 단 한 사람도 남을 위해 눈물을 흘릴 줄 모릅니다. 이런 사람들만 사는 땅은 죽은 땅입니다." 난쟁이가 꿈꾼 사랑의 세계는 어디에도 없었다. 그래서 난쟁이는 자신이 사랑의 삶을 그토록 원하던 바로 그 장소(공장 굴뚝)에서 투신자살하고 만다.

난쟁이는 죽었다. 그러나 그가 남긴 메시지는 강렬하다.

자유경쟁이 경제성장을 추구하기 위한 최선의 경제정책임은 그동안의 역사에서 충분히 증명되었다. 그러나 경쟁에서 낙후될 수밖에 없는 '낮고 작은 자'를 뒷받침하기 위한 보완적 시책은 여전히 미흡하다. 경쟁이 끝난 후의 보상도 필요하지만 경쟁에 참여해서 능력을 발휘할 수 있는 '기회의 사다리'도 쉽게 찾기 어렵다. 그러나 국제경쟁력이 취약한 유치산업(infant industry)을 보호하기 위해서 경쟁력 강화 정책이 소득보조 정책과 함께 강구되어 왔지 않았는가?

소득 양극화란 용어는 1980년대 초 유럽에서 중산층의 몰락으로 인해 국민들이 상류층과 빈곤층으로 갈라지면서 널리 쓰이게 된 용어이다. 잘 사는 사람들과 못 사는 사람들의 소득격차 수준을 나타내기 위하여 하위 20% 소득계층을 1분위로 하고, 상위 20% 계층을 5분위로 나누어서 불평등 정도를 알기 쉽게 표현한 것이 소득 5분위 배율이다.

소득 양극화에 의한 부익부 빈익빈(富益富 貧益貧) 현상은 신자유주의 경제질서하에서 불가피하게 야기되는 현상이긴 하다. 그러나 이 현상의 심화는 안정적인 사회 발전의 중심축인 중산층의 붕괴로 이어지게 되므로 결코 바람직하지 않다.

능력주의가 지배하는 사회에서는 벌어들인 돈의 크기가 능력의 크기를 나타내는 표상이 된다. 그러므로 능력 있는 자는 자신의 자존심을 걸고 돈 버는 일에 몰입하게 된다. 따라서 능력 있는 자가 더 많은 돈을 관성적으로 당연히 벌게 된다. 생활을 유지하거나 혹은 사회적으로 이바지할 수 있는 가치 있는 일을 도모하기 위해서가 아니다. 주변에 있는 경쟁자보다 더 많은 돈을 벌 수 있는 자신의 능력을 입증하기 위해서 더 많은 돈을 벌 수 있는 일에 몰두하고 있는 것이다. 능력자들이 더 많은 돈을 벌기 위한 경쟁을 하는 사이에 경제도 성장하고 국부(國富)도 커지게 된다. 그러므로 능력자들에게 자유로운 경쟁 환경을 조성하기 위해서 정부의 시장 간섭을 최소화하는 것이 신자유주의 경제질서라고 할 수 있다.

정부의 시장 간섭이 최소화되었기 때문에 그동안 소득 양극화 문제가 발생했고, 심화되어 왔다는 것이 이를 비판하는 진보계층의 지적이었고, 신자유주의 정책에 대한 비판이었다.

2. 시장실패를 막기 위한 큰 정부 체제하의 정부실패

능력자들이 치열한 경쟁에서 자신들의 능력을 발휘하는 과정에서 상대적으로 능력이 부족한 사람들은 경쟁에서 밀려나 뒤처지게 된다. 중산층은 줄어들고 가난한 자는 더욱 가난하게 된다.

문재인 정부는 이를 개선하기 위하여 소득의 재배분과 양질의 일자리 창출을 핵심 정책으로 내걸고 출범했다. 소위 소득주도성장 정책이 그것이다. 최저임금을 상승시키고, 비정규직의 정규직 전환과 주 50시간 근무제의 도입 등이 강력하게 실시되었다. 이때 등장한 것이 청와대의 '일자리 현황판'이었다.

그러나 문재인 정부 출범 4년이 된 2019년 1분기 고용률은 58.6%로 출범 이전(2017년) 대비 1%가 떨어졌다. 취업자 수는 26만 9,000명이 늘어났는데, 이는 이전 이명박 정부의 4년차 1분기 99만 1,000명, 그리고 같은 기간 동안에 이루어진 박근혜 정부의 168만 8,000명에 비해서 각각 27.1%와 15.4%에 그치는 초라한 수준이었다. 특히 제조업의 취업자 수는 감소하고 일용직 숫자가 늘어났다는 점에서 양질의 일자리 창출 정책은 실패로 귀결되고 있다고 할 수 있다.

소득주도성장은 우리나라의 악화된 소득분배 상황을 개선하여 공

그림 3-1　심화되고 있는 한국 사회의 자산 양극화 현상(순자산 5분위 배율)

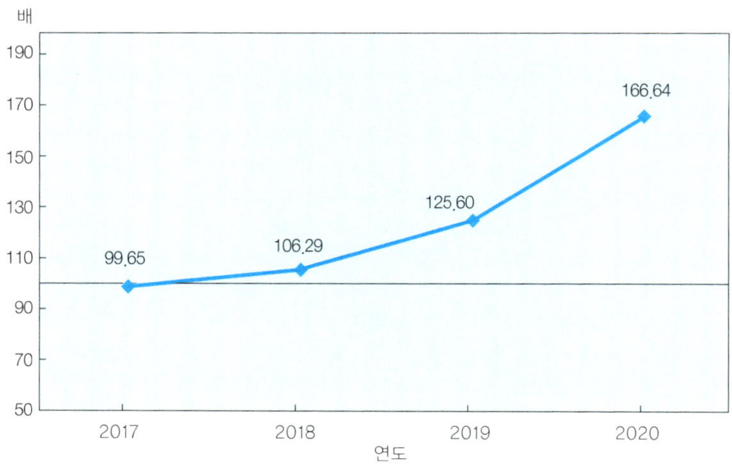

자료: 통계청, 《국가통계시스템》.

평한 성장(equitable growth)을 강조하는 새 정부의 정책 방향이었다. 그러나 문재인 정부의 출범 이후 4년간(2017~2020) 성적표는 경제적 약자와 강자의 경제적 격차를 더욱 심하게 벌려 놓았다. 2017년 소득 하위 20%의 소득과 상위 20%의 소득격차는 99.65배였다. 그러나 이 격차는 해가 갈수록 더욱 커져서 2020년에는 116.64배로 더 크게 벌어지게 된 것이다. 부자는 더 부유해지고 가난한 자는 더 가난해진 결과인 것이다(그림 3-1).

1997년의 IMF 경제위기 이후, 우리 경제는 저성장 추세가 계속 이어지는 와중에서 소득과 부의 불평등 현상은 심화되어 왔다. 여기에다, 코로나19의 충격이 경제적 약자 계층에 집중되면서 우리 사회의 소득 불평등 문제는 더욱 악화되었고 이로 인한 사회적 갈등은 더욱 심각한 상황으로 치닫게 될 것으로 우려된다.

어떤 정책 수단의 보완이 필요한가?

무엇보다, 경쟁의 결과로 불평등 현상이 불가피하게 발생하게 된다는 이유 때문에 경쟁을 제한하거나 배제해서는 안된다. 경쟁을 제한하면 국제시장에서 경쟁할 수 있는 좋은 제품과 서비스를 지속적으로 개발, 생산할 수 있는 기업의 능력개발도 제한된다. 이로 인해서 규모가 큰 세계시장 수요도 잃게 되고 좋은 일자리 창출도 어려워지게 될 뿐이다. 또한 소비자들은 보다 높은 가격의 저질 상품과 서비스를 구매할 수밖에 없기 때문에 소비자 후생 역시 당연히 감소하게 된다.

우리가 매년 만나게 되는 삼성전자의 신제품 스마트폰을 생각해 보자. 세계 1, 2위를 다투는 삼성전자 제품의 능력은 정부가 도와준 결과가 아니라, 애플 등 세계 일류 기업들과의 치열한 경쟁 과정에서 만들어졌다는 점을 잊지 말아야 한다.

그러므로 상생(相生)을 위해서 경쟁을 제한하는 규제를 양산(量産)해 내는 정치권의 무분별한 접근은 억제되어야 마땅하다. 강성 노조(勞組)를 비롯한 이익집단의 요구에 순응하여 기업의 자유스런 경쟁 동기를 저해하는 다양한 규제를 만들어 내는 일은 억제되어야 한다.

다음으로, 중산층과 미래 세대를 정책 선택의 중심에 두어야 한다. 잘못 설계된 정책실험과 나랏돈 퍼주기로 미래 세대에게 감당하기 어려운 빚을 떠넘겨서는 안된다. 중산층을 위한 육아, 보육, 주거복지를 확대하고, 계층이동을 위한 사다리의 확대를 목표로 하는 교육개편 등이 미래 세대를 위한 확고한 정책으로 자리잡아야 한다. 직장을 찾아 떠돌고 있는 80만 명이 넘는 청년 취업 준비생에게 괜찮은 일자리를 만들어 주어야 한다.

2021년 5월 22일 한미정상회담을 계기로 한국의 4대 기업인 삼성, 현대차, SK, LG 그룹이 44조 원 규모의 대미투자계획을 발표하였다. 이로 인해 미국으로 넘어갈 것으로 예상되는 일자리는 최소한 5,000개가 넘어설 것으로 전문가들은 예상한다. 해외 투자는 현지 생산이 보다 유리할 때 결정된다. 관세가 높고 물류비용이 높은 자동차나 대형 가전제품 등의 경우가 이에 해당된다. 그러나 반도체는 무관세 품목이고 물류비용도 극히 낮다. 물론 안보(安保)가치를 중심으로 유지되어 왔던 한미동

맹이 이번 회담으로 경제와 기술 동맹으로 확장된 것은 공동 성명서의 소제목으로 밝히고 있는 '한·미 동맹의 새로운 장을 열며'가 상징하듯이 충분히 큰 가치가 있다.

코로나 쇼크 이후 미국이 주도하고 있는 공급망 체인(supply chain)의 '새 판짜기'에 적극 참여하고, 미국 시장을 선점하는 효과도 물론 크다. 그러나 좋은 일자리를 선뜻 내어 준 대신에, 국내 기업들이 양질의 일자리를 국내에서 계속 만들어 낼 수 있도록 환경을 조성하는 일에도 정부가 보다 공을 들여야 한다.

국내 기업들이 국내에 첨단·고급 기술의 연구개발 시설을 설치하고 이를 통해서 양질의 일자리를 계속적으로 만들 수 있도록 유도하기 위해서는 반기업 정서를 조속히 거두고, 질기게 계속되고 있는 '규제 족쇄'를 과감하게 풀어야 한다. 그래야 좋고, 괜찮은 일자리가 많이 만들어진다.

자본주의는 경제 주체들의 자유로운 시장경쟁을 통하여 경제를 지속적으로 성장시킴으로써 오늘날의 지구촌 번영을 일구어 냈다. 그러나 경쟁의 승자(勝者)가 성장의 열매를 독차지하는 사회가 "지속 가능한 번영을 누릴 수 있을 것인가"라는 자본주의 사회의 태생적(胎生的) 문제는 여전히 살아 남아서 자본주의 시장경제 질서는 수정에 수정을 거듭하면서 오늘에 이르고 있다. 특히 코로나 쇼크와 같은 큰 사회적 충격이 가해졌을 때, 현행의 시장경제 질서에 대한 변화 요구는 더욱 거세지게 된다.

이러한 변화 요구를 한 사회가 어떻게, 얼마나 수용했느냐 하는 정책 변화의 정도에 따라서 그 사회의 장래 모습이 결정되었다는 사실을 우리는 멀고 가까운 역사로부터 배우고 있다.

중세 봉건주의 유럽 사회가 당면했던 흑사병의 충격에 따른 정치제도의 변화가 그러했고, 석유가격의 폭락이 가져온 베네수엘라의 사회주의 실험의 실패가 그러했다.

시장경쟁 질서의 변화를 요구하는 목소리는 '정의와 공정' 실현 요구로 이어진다. 시장경쟁의 결과는 소수의 부자와 다수의 빈자를 당연히 발생시키게 된다. 소위 '1%의 부자와 99%의 빈자'가 만들어질 수밖에 없는 자유경쟁의 결과는 정의롭지도 않고 지속 가능하지도 않다는 것이다. 더구나 경쟁에 참여할 기회조차 공정하게 배분되지 않고 있는 것이 더 큰 문제다. 출생부터 달라지는 '금수저'와 '흙수저'의 경쟁기회 격차가 그렇다. 경쟁자격을 확보해 주는 일류대학에 입학할 기회마저 '아빠 찬스'와 '엄마 찬스'에 의해서 훼손되고 있는 것이 그렇다. 그러므로 공정하지 않은 경쟁의 결과는 더욱 정의롭지 않다는 것이다.

우리나라는 절대빈곤 상태를 벗어나기 위해서 성장 하나만 바라보고 1960~1980년대를 지내 왔다. 그러다가 IMF 외환위기에 부닥치면서 성장보다는 분배가 중요하다는 인식이 살아났다.

2000년에 기초생활보장제가 처음 도입되었다. 이때부터 '성장이냐, 분배냐'를 두고 사회가 두 편으로 갈라서기 시작했다. 소위 '보수'와 '진보'로 갈라지면서 진영논리마저 가세해 나라를 분열시켜 오늘에 이르고 있다.

시장경제를 이끌고 있는 '보이지 않는 손'(시장경제기구)은 경쟁에 참여한 각 경제 주체들의 능력에 따라 경쟁의 결과를 배분하게 된다. 시장경쟁에는 크게 나누어서 자본과 노동이라는 두 가지 생산요소를 대표하는 경제 주체가 참여한다. 경쟁의 결과로 두 주체에게 분배되는 몫의 크기는 자본에 대한 분배 비율이 노동에 대한 분배 비율보다 높으며, 이는 역사적으로 계속 높아져 왔다는 것이 피케티(Thomas Pikety, 1971~)가 《21세기 자본》에서 밝히고 있는 피케티의 제2법칙이다. 다시 말하면, 경제활동의 결과로 발생하는 성과물의 배분 비율이 노동 몫보다는 자본 몫의 크기가 상대적으로 계속 커져 왔다는 것이다. 여기에다 자본이 자본을 낳는 소위 자본세습주의마저 가세하기 때문에 가진 자(자본가)와 못 가진 자(노동자) 간의 소득격차는 날이 갈수록 벌어져 소득 불평등 현상은 더욱 심화될 수밖에 없다는 것이다.

보이지 않는 손에 의해서 시장경쟁의 결과는 생산요소 제공자에게 배분된다. 이 결과 자본가(잘 사는 자)는 더 많이 벌게 되고, 노동자(못 사는 자)는 더 적게 버는 일이 반복되면서 빈부격차가 더 현저해짐에 따라 사회 양극화 현상은 더욱 심화된다. 이러한 보이지 않는 손의 실패(시장실패)를 시정하기 위해서 정부의 시장 개입이 요구된다. 정부의 시장 개입 정도에 따라서 정부 형태는 '작은 정부'와 '큰 정부' 체제로 나뉜다.

오늘날 우리 사회의 진보정치인들이 적폐의 근원으로 규정하고 있는 '신자유주의적' 정책은 시장 간섭 정도가 작은 정부를 말하는데, 작은 정부에 의한 자유방임주의적인 경제정책에 의해서 소득분배의 악화가 진행되어 왔다고 단정한다.

이를 개선하기 위해서는 정부가 일자리를 만들고 경제적 약자의 소득을 이전소득 형태로 직접 지불해야 한다는 것이다. 말하자면, 큰 정부 체제로의 전환을 통해서 소득분배의 형평을 도모할 필요성이 크다는 것이다.

이런 논리에 의해서 문재인 정부는 최저임금을 급격히 올리고, 온갖 명목의 현금수당을 확대한 소위 소득주도성장 정책을 시행해 왔다.

재정을 풀면 가계소득이 늘어나서 소비가 살아나고 이에 따라서 경제가 성장하게 된다는 논리였다. 그러나 결과는 최악의 정책실패로 드러나고 있다.

통계청의 〈2000년 4분기 가계동향〉 발표가 확인해 주고 있는 분배 악화 실태가 그것이다. 2020년 4분기 가구당 월평균 소득은 516만 1,000원으로 전년 동기 대비 1.8% 증가했다. 그러나 가구소득 중에서 근로소득과 사업소득은 코로나 충격으로 각각 −0.5%와 −5.1%씩 감소했다. 2003년 통계 작성 이후 최악의 수준이다. 근로소득과 사업소득이 감소했는데도 불구하고 월평균 소득이 증가한 것은 온갖 명목으로 재정에서 지원되는 이전소득 증가에 있다. 기초연금, 노인·청년 일자리 수당, 재난지원금 등이 그것이다. 그러나 정부가 취약계층을 돕는다고 재정지원을 늘렸지만, 현재의 소득 수준과 관계없이 지원하는 포퓰리즘적인 지원의 남발로 소득상위가구(4분위 45.5%, 5분위 36.3% 상승)의 이전소득이 하위가구(1분위 16.5%, 2분위 15.9% 상승)의 그것보다 더 크게 상승했다. 이에 따라서 소득격차를 나타내는 5분위 배율은 2019년의 4.64배에서 4.72배로 확대되었다. 소득격차를 줄이기 위해서 집행된 정부 지원이 오히려 소득격차를 보다 확대하는 역진적인 결과를 낳게 된 것이다.

정부는 다양한 규제를 통해서 시장경쟁 질서를 공정하게 운영하도록 시장 간섭을 하게 된다. 그러나 기존의 규제는 불합리하거나 실효적이지 못한 것이 사실이다. 규제가 시장 환경의 변화를 따르지 못하기 때문이다. 따라서 부적절한 규제는 기업성장을 가로막은 요인이 되고 있다. 역대 정부는 규제 완화나 철폐를 통한 규제 해소를 내세워 왔다. 이명박 정부는 대불공단의 '전봇대 규제'를 지적하며 규제 해소에 나섰다. 박근혜 정부 역시 '손톱 밑 가시뽑기'라는 이름으로 규제를 완화, 해소하기 위해서 나섰다.

문재인 정부도 '규제 샌드박스'나 '네거티브 규제'와 같은 규제 해소 대책을 마련하고 자유로운 기업활동을 가로막는 규제를 완화, 해소하려는 의지를 보였다. 그러나 규제의 총량은 줄어들지 않고 있다. 왜냐하면 끊임없이 규제가 양산되고 있기 때문이다.

국회의 규제성 입법건수는 2015년 944건에서 2019년 1,200건으로 매년 증가하고 있다. 한 쪽에서는 규제 해소를 외치지만, 다른 쪽에서는 더 많은 규제가 탄생하고 있다. 국회의원들이 이익단체들에게 둘러싸여 있기 때문이다. 기업, 특히 중소기업에 대한 효과적인 규제 해소가 이루어지지 않고 있는 것이다.

이를 위해서는 공무원들의 규제 해소 노력이 필수적으로 강화되어야 한다. 이들이 현장의 애로를 무시하고 매뉴얼에 따라서 기계적으로 규제행위를 시행하는 한 규제 해소는 요원하다. 규제 해소를 담당하는 규제 담당 부서에서 규제를 일괄 관리하고, 규제 완화나 해소를 위한 시책이 일관되게 시행되도록 하는 효과적인 규제 해소 행정 체계가 갖추어져야 한다. 또한 '규제일몰제도'를 강하게 시행해서 기업이 경영환경 변화에 효과적으로 대응할 수 있도록 해야 한다. 새로 들어서는 정권마다 규제 해소를 내세운다는 것은 그만큼 규제 해소가 제대로 이루어지지 않고 있음을 뜻하는 게 아닌가?

공무원 수가 계속 증가하는 것 역시 규제 해소에 도움을 주지 못한다. 규제 관련 일거리가 늘어나야 공무원의 일자리도 늘어나기 때문이다. 문재인 정부는 출범 시에 임기 내 공무원 수를 17만 4,000명 확충하겠다고 공약했다. 그리고 4년 만에 10만 명 가까이 늘렸다. 고용침체를 극복하기 위해서 공공 부문 채용 확대를 약속한 만큼, 앞으로 남은 임기 동안에도 공무원 수는 더 늘어날 전망이다.

2020년 말 기준 공무원 수는 113만 1,796명이었다(정부조직 관리시스템). 이는 박근혜 정부 말 공무원 수와 비교하면 9만 9,456명(9.63%)이 증가한 수치이다. '큰 정부'를 지향했던 노무현 정부 때는 74,445명(8.23%) 늘었고, 이명박 정부 때는 12,116명(1.24%), 박근혜 정부 때는 41,504명(4.19%)이 늘었다. 그러나 외환위기를 맞았던 김대중 정부 대는 오히려 31,494

명(−3.37%)이 줄어들었다. 공무원을 추가로 채용할 경우, 보수 지급으로 국가 예산이 증가할 뿐만 아니라 연금충당부채도 늘어나게 된다. 공무원·군인 연금에서는 매년 적자가 발생해서 재정에서 적자를 보전해 주고 있는 실정이 아닌가?

많은 업무가 자동화되고 정보화되는 세상에서 공무원 수를 계속 늘리는 것은 고정비용의 계속적인 증가를 강요한다는 점에서 전혀 바람직스럽지 못하다. 그리고 생산가능인구가 계속 줄어들고 있는 현실에서 우수한 인력을 공공 부문에서 대량으로 뽑아간다는 것은 민간경제활동의 위축을 장기적으로 초래하게 된다는 점에서, 특히 규제관리에 관련된 업무가 계속해서 줄어들어야 한다는 점에서 공무원 증가 시책은 또 하나의 정책실패로 평가받을 수 있다.

가장 큰 문제는 '퍼주기' 시책이 어느 틈에 정책의 중심으로 자리 잡아가고 있다는 것이다. 예컨대, 차기 대선후보들이 발표하고 있는 퍼주기 시책의 아이디어는 흘러 넘쳐난다. 기본소득에 이어서 기본대출, 기본주택 등 다양한 퍼주기 시책과 함께 아동수당의 18세까지 연장지급, 전역군인에 대한 사회출발자금(3,000만 원) 지급, 청년들에게 1억 원씩 지급하는 미래씨앗통장과 국민능력개발지원금 등 국가가 재정에서 지불해야 할 정책 아이디어는 현란스러울 정도다.

이러한 퍼주기 시책은 모두 "모든 국민에게 동일하게 지원한다"는 공통점이 있다. 모든 국민에게 똑같이 나누어 준다는 것은 심각한 소득 격차 해소의 문제에는 관심이 없다는 것이다. 단지 표만 얻겠다는 뜻이다. 국민을 모두 잘 살게 해주겠다는데 누가 공짜 포퓰리즘을 반대하겠는가?

그러나 우리가 사는 세상에서 공짜는 없다는 게 문제이다. 공짜를 지속적으로 가능하게 하기 위해서는 지속적으로 세금을 더 걷어야 한다. 그러나 우리 경제는 지난 10년 동안 저성장의 터널에 갇혀서 헤어나지 못하고 있다.

'공짜'를 가능하게 할 증세(增稅)가 현실적으로 어려운 실정인 것이다. 이미 다양한 부자 증세(增稅)가 진행되어 왔다. 소위 '핀셋 증세'가 그것이다. 조세저항이 덜한 부유층을 대상으로 소득세 최고세율이 40%에서 45%로 인상되었고, 고가, 다주택자를 대상으로 한 종합부동산세도 이미 두 배 이상 올랐다. 법인세율도 25%로 인상되면서 OECD 평균(22%)보다 높아졌다. 이에 따라서 GDP(국내총생산) 대비 법인세 비중은 3.8%로 OECD 평균(3.0%)보다 높아졌고 재산세는 3.3%로 OECD 평균(1.9%)보다 훨씬 높아졌다. 세금 부담이 높아질수록 기업들의 해외 탈출은 늘어가서 국내 일자리 창출은 더욱 어려워진다.

증세가 현실적으로 어려워지면 남은 건 국채(國債) 발행밖에 없다. 그러나 현재까지 증가되어 온 국가채무는 잠재적 부채까지 합치면 국민 1인당 4,000만 원 규모에 이른다. 이를 현재 살고 있는 국민들이 갚아내지 못한다면 미래 세대에게 전가될 수밖에 없다.

무섭고 낯 뜨거운 일이다. 현재 세대가 겪고 있는 빈부격차 해소를 위해서 청년층과 아직까지 태어나지도 않은 미래 세대에게까지 채무 상환 부담을 전가하는 일은 과연 옳은 일인가? 현재 살고 있는 국민계층 간의 소득격차를 해소할 목적으로 정부가 국채 발행을 강행하는 것은 막아야 한다. 그것은 현재 세대와 미래 세대 간의 공정 실현을 해치는 일이기 때문이다.

한국 경제는 10년 이상 저성장의 터널을 빠져나오지 못하고 있다. 저성장으로 돈줄은 메말라 가는데 기본소득과 같은 공짜 복지계획 아이디어는 여기저기에서 샘솟듯 넘쳐 나온다.

기본소득은 토머스 모어(1476~1535)의 소설 《유토피아》(1516)에서 처음 등장한 개념으로 한 사회의 가치 총합을 구성원들이 함께 누려야 한다는 생각에서 출발했다. 사유재산제를 폐지하고 공유재산제를 도입함으로써 평등한 분배가 이루어지는 정의사회가 실현된다는 것이다. 이를 위한 정책 수단으로 국가가 모든 사회 구성원에게 최소한의 삶을 누릴 수 있도록 조건 없이 식량을 제공하는 정책이 등장하고 있다.

전 세계에서 기본소득제를 처음으로 도입한 곳은 미국의 알래스카 주이다. 여기서는 석유 수출 수입금 중에서 알래스카 영구기금을 설립하고 1982년부터 6개월 이상 거주한 모든 지역민에게 기본소득을 지급하고 있다. 알래스카는 날씨가 추워서 주민들의 경제활동 기간이 짧다. 그러나 석유 수입은 지속적으로 불어나고 있다. 상대적으로 열악한 생활환경에서 살아가는 주민들의 복지 수준 향상을 위해 석유 수출로 벌어들이는 수입금으로 주민들의 소득을 향상시키는 것은, 안정적인 재원이 확보되어 있다는 점에서 지속 가능성이 높고 주민들의 정주의욕을 높일 수 있는 정책으로 평가된다.

스위스는 알프스산맥을 배경으로 하는 수려한 관광자원 덕분에 관광수입이 국내총생산액 중에서 차지하는 비중이 60% 정도나 되는 세계적인 관광대국이다. 스위스는 2016년 정부가 성인에게 매달 2,500프랑(약 300만 원), 18세 미만 어린이와 청소년에게 625프랑(약 78만 원)씩의 기본소득을 지급하자는 방안에 대하여 국민투표를 시행하였으나 부결되었다.

마르지 않는 샘물처럼 솟아나는 관광산업 수입은 지속적으로 늘어나고 있는데도 불구하고, 왜 스위스 국민들은 공짜 기본소득을 거부했을까? 일하지 않으면 먹지도 말라(Wer Nicht arbeitet, soll auch nicht essen)는 스위스 국민들의 정직한 근로정신이 발현된 것은 아니었을까?

우리나라 경제는 저성장의 덫에 걸려서 10년 이상 허덕이고 있고, 국가채무는 이미 우리 국민들이 한 해 동안 일해서 벌어들인 돈만큼 쌓여 있는데도 불구하고, 따로 빚을 더 내서 국민들에게 공짜 돈을 주려는 정치인들의 약속은 경쟁적으로 커지기만 한다. 이에 영향을 받아서인지 이미 많은 지자체 정부들이 어떤 형태로든 기본소득을 지급하고 있거나 계획하고 있지 않은가?

스위스처럼 국민투표를 통해서 아예 싹을 잘라내야 좋을지, 공짜니까 고루 잘 살게 해준다니까 주는 대로 받아먹어야 할 것인지. 공짜복지를 내세운 속보이는 정치판의 유혹이 커질수록 나라 걱정에 잠 못 드는 하룻밤을 지새우는 국민들이 늘어가고 있다.

3. 정부실패를 막기 위한 작은 정부 체제로의 회귀

"자꾸만 늘어나는 연방 지출을 억제하고, 경제를 압박하고 있는 세제상의 장애를 제거하며 경제를 질식시키는 복잡한 규제를 고치기 위해서 지금 당장 과감한 조치를 취하지 않으면 안 된다.

정부 지출의 증가율은 합리적이고 신중한 수준으로 유지해야 한다. 노동, 저축, 투자 및 생산성 향상에 대한 의욕을 북돋우기 위해서는 개인세율을 낮추고 질서 있는 체계적 방법으로 감가상각의 기간 단축과 간소화를 꾀해야 한다. 경제에 영향을 미치는 다양한 규제를 재검토하고 경제성장을 촉진하도록 고쳐야 한다. 안정적이고 건전하며, 예측 가능한 통화정책을 확립해야 한다."[2]

위의 글은 제40대 미국 대통령인 로널드 레이건(1911. 2~2004. 6)이 대통령 선거유세 과정에서 행한 연설문의 일부이다. 레이건 대통령은 소위 레이거노믹스(Reaganomics)라고 불리는 4개 항의 경제회복을 위한 정

2 로널드 레이건, 1980년 9월 9일.

책을 발표하였다. 세출의 삭감, 소득세의 대폭 감세, 기업에 대한 정부의 규제 완화 등으로 경기를 부양하고, 고용을 창출하며, 인플레이션을 방지하고 국방력을 증강시키는 시책을 법제화했다. 이로써 레이건 행정부 통치하의 미국은 경기후퇴나 경기 침체가 없는 사상 최장의 평화시대 호황을 기록했다.

레이건 취임 이전의 미국 경제는 어떤 상태였는가?

1929년 이래 몰아닥친 대공황은 과잉 재고 → 조업 단축 → 실업 증가 → 소득 감소 → 수요 감소 → 과잉 재고로 순환되면서 미국 경제를 악화시켰다. 1932년 대통령에 당선된 루스벨트는 뉴딜(New Deal) 정책을 발표하고 이를 시행하기 위해서 경제운영에 대한 정부 개입을 강화했다. 의회는 대통령에게 많은 권한을 부여했고 관련법을 제정해서 정책 실행을 용이하게 했다. 예컨대, 재기 가능한 은행의 정상화를 돕기 위한 긴급은행법(Emergency Banking Act), 농산물 가격의 하락을 방지하기 위한 농업조정법(Agricultural Adjustment Administration: AAA), 노동자를 위한 안정된 고용과 임금을 확보하기 위한 국가산업회생법(National Industrial Recovery Act: NIRA) 등을 제정하였다. 특히 테네시강 유역 개발사업(Tennessee Valley Authority: TVA)은 지역개발과 더불어 노동시장의 확충에 기여함으로써 뉴딜사업의 대표적인 성공 사례로 꼽힌다. 1935년 여름부터 경기가 상승하기 시작했다. 그러나 1937년 경기는 다시 악화되기 시작했지만 미국의 1941년 제2차 세계대전 참전 이후, 군수산업의 활성화로 미국 경제는 활성화되었고 실업자도 격감했다. 이에 따라 대공황 문제도 해소되었다.

정부의 시장 개입 강화로 상징되는 큰 정부 체제는 소위 후기 자본주의라고 불리는 수정자본주의를 선택했다. 초기 자본주의 경제에서 발생하고 있는 다양한 시장실패 문제를 정부의 시장 개입 강화를 통하여 해결하자는 수정자본주의는 케인스(J. M. Keynes, 1883. 6~1946. 4)가 이끌었다. 그는 정부가 시장에 적극적으로 개입해서 시장에서 발생하는 문제들을 해결해야 한다고 주장했다.

즉, 정부가 공공사업 투자를 통해서 일자리를 창출하고 여기에 고용된 노동자들이 더 많은 소비활동을 하도록 유도한다. 다음으로 이들로부터 세금을 적극적으로 징수해서 이를 공공사업의 세금으로 재사용한다. 이 과정에서 부(富)가 재분배되어 사회적 빈부격차가 줄어들게 된다는 것이다.

케인스의 논리에 따라서 정부는 세금을 올리고, 다양한 규제를 통하여 독과점을 견제하며, 노동자의 임금 개선 등에 적극적으로 나서게 되었다. 그러나 큰 정부 체제는 국민들의 복지 혜택을 보다 높여 주는 복지국가 건설로 내달렸다. 높아진 복지수요를 충당하기 위하여 세금이 계속해서 오르게 되자 납세자들은 반발했다. 이에 따라서 정부 채무는 늘어났다. 큰 정부 체제는 경제에 큰 부담을 주었고 기업활동은 위축되어 갔다. 이에 따라서 경기 침체와 함께 새로운 불황이 찾아왔다.

정부의 시장 개입을 강화해 온 후기 자본주의의 문제점이 구체적인 형태로 나타나면서 정부 개입을 최소화시키고 시장의 자유를 보장하는 초기 자본주의로 복귀하자는 주장이 프리드먼(M. & R. Friedman)으로 대표되는 미국의 시카고학파로부터 제기되었다.

미국의 로널드 레이건(R. Reagan) 대통령과 영국의 마가렛 대처(M. Thatcher) 총리에 의해서 선택된 새로운 자본주의 체제는 세금과 규제가 줄어든 작은 정부에 의한 신자유주의 체제인 것이다.

레이건은 3대 핵심 가치를 내걸었다. 감세, 규제 철폐, 작은 정부가 그것이다. 레이건은 1979년 대통령 선거 출마를 선언하면서 "연방정부의 재정 지출을 축소해 정부의 시장 개입을 줄이고 감세를 통해 민간의 활력을 제고하겠다."라고 선언했다. 레이건은 정부가 성장의 주역이 되어서는 안된다고 주장했다. 지나친 시장 간섭과 이를 위한 정부 조직의 비대화로 시장의 비효율성을 키웠다는 것이다. 레이건은 1982년과 1988년 두 차례에 걸쳐서 소득세율을 80%에서 28%로, 최고 법인세율을 46%

에서 34%로 떨어뜨리고 1,110억 달러 규모의 비과세 감면을 축소했다. 그 결과 레이건 재임기간 중(1981~1988) 평균 물가상승률은 3.8%(취임 초기 10%)로 안정을 되찾고 경제성장률은 취임 초기의 2%에서 3.5%로 향상되었다.

레이건 대통령 경제정책의 다른 축은 규제 완화이다. 수송, 에너지, 통신 분야의 규제를 완화하고 독점을 사후관리 체계로 전환했다. 불법 파업 등 노동쟁의 활동에는 강력히 대처함으로써 노동시장의 유연성을 확대했다.

레이거노믹스를 이론적으로 뒷받침했던 학자는 시카고학파를 이끌고 있었던 밀턴 프리드먼(Milton Friedman, 1912. 7~2006. 11) 시카고 대학 교수였다. 그는 자유시장경제제도의 원리를 주로 설명하는《선택의 자유》(*Free to Choose*)와 자유시장 원리를 어떻게 실행에 옮길 것인가 하는 문제를 설명하는《현상유지의 폭군》(*Tyranny of the Status Quo*)이라는 두 책을 저술함으로써 신자유주의 경제이론을 작은 정부 체제에 접목시켰다.

미국 정부의 예산이 직면하고 있는 위기는 국방 지출이 급증했기 때문이 아니라, 소득보조와 사회보장 및 복지의 폭발적 증대가 야기되었기 때문이라고 판단했다. 이 범주에 대한 정부 지출은 1950년대의 국민소득의 2% 범위였지만, 1982년에는 13% 이상으로 상승했다. 연방정부로부터 이전소득을 받는 사람도 1950년에는 100만 명 내외에서 1980년에는 5,000만 명을 웃돌았다.

이에 따라서 재정적자는 1950년부터 1970년까지의 기간 동안에 국민소득의 1% 미만 수준에 머물러 왔지만 1970년부터 1982년 동안 13년간의 재정적자는 국민소득의 2.5%로 늘어났다.

프리드먼에 따르면, 개인의 자유와 복지를 향상시키는 데에는 자유경쟁을 근간으로 하는 경쟁적 자본주의 체계가 가장 훌륭한 제도이고, 이를 위해서는 사유재산권을 존중하고 모든 이에게 공평한 기회를 보장하고 공정하고도 치열한 경쟁이 이뤄져야 하며 지나친 정부의 시장 개입은 장기불황과 높은 실업률을 불러일으킨다고 주장했다.

프리드먼은 경제를 시장에만 내맡겼을 때의 부작용을 막기 위해서 최저소득에 미치지 못하는 빈민층을 위한 부(負)의 소득세(negative income tax)와 저소득층 자녀에게 사립학교에 다니도록 보조금을 지급하는 교육교환권 같은 정부 정책을 적극 옹호했다.

그러나 거대한 정부의 규모 축소는 물론이고 정부의 비대화를 감속시키는 일조차도 틀림없이 어려운 일이었다. 왜냐하면 이 같은 사업은 '철의 삼각형(Triangle)'이라 불리는 벽이 그 주위를 둘러싸고 있기 때문이다.[3]

3 밀턴 프리드먼, 《현상유지의 폭군(*Tyranny of the Status Quo*) 자유경제의 위기》, 매경문고 25, 1986, pp. 55~76.

"철의 삼각형 첫 모서리에는 법률에 의해서 직접적인 혜택을 받고 있는 '수익자'라는 이름의 폭군이, 제2 모서리에는 '정치가'라는 이름의 국회의 각종 위원회와 그 보좌진들이, 그리고 제3의 모서리에는 법률의 실시를 담당하고 있는 '관료기구'라는 이름의 3대 폭군이 큰 정부 체제를 작은 정부 체제로 전환시키려는 개혁을 가로막고 있어서 개혁을 어렵게 한다." 민간 부문의 경제 활성화를 좀 먹고 있는 규제 완화 역시 규제로 인한 반사이익을 누리고 있는 기득권 세력의 조직적인 저항으로 개혁이 어려운 점은 마찬가지이다.

초기 자본주의가 야기한 폐해를 시정하고자 등장했던 큰 정부 체제하의 후기 자본주의 체제는 정부의 과도한 시장 개입으로 경직된 노동시장을 형성했다. 이 결과 민간의 경제활동을 위축시켜서 불황과 경기침체를 불러왔다. 또한 과도한 복지비 지출로 인한 재정수요를 감당하기 위한 증세(增稅)로 납세자인 중산층의 반발을 유발하였고, 과다한 국가채무를 유발하여 국가부도 위기로 내몰리는 경우마저 발생하였다. 후기 자본주의의 폐해가 구체적인 형태로 드러나면서 정부의 시장 개입을 최소화하면서 시장의 자유를 보장하는 초기 자본주의 체제로 복귀하자는 주장이 미국의 시카고학파를 중심으로 제기되었다. 큰 정부 체제를 다시 작은 정부 체제로 되돌리자는 것이다. 이에 따라서 세금과 규제가 줄어든 신자유주의 경제 체제가 등장하게 된 것이다. 정부 개입이 줄어들면 당연히 세금과 규제는 줄어든다. 대신에 시장의 독점화와 빈부격차의 심화는 촉진된다.

2008년 미국에서 발생한 금융위기가 세계화의 흐름을 타고 전 세계로 영향을 미쳤다. 세계적인 경기 침체가 이어졌다. 신자유주의 경제 체제에 대한 비판이 거세졌다. 신자유주의 경제 체제가 유발하고 있는 소득 분배의 불공평성을 치유해야 한다는 것이다. 우리나라에서도 정권이 바뀔 때마다 벌어지는 논란의 주제가 바로 '성장이냐', '분배냐' 하는 것이다. 보수는 성장 중시 쪽에, 진보는 분배 중시 쪽에 기울어져서 세(勢)를 과시한다. 그러나 성장과 분배는 서로 선순환(善循環)하면서 경제 발전을 이끌어가는 양 날개이다. 한쪽 날개만 상대적으로 커지게 되면 오랫동안 잘 날 수가 없다.

고루 잘 사는 세상을 만들기 위해서는 먼저 같이 나눌 빵 덩어리(pie)를 키워야 한다. 기업의 자유로운 경제활동을 보장해서 경제를 활성화시키는 일(성장)과 성장의 열매를 고루 나누는 일(분배)은 서로 선순환(善循環: virtuous cycle)하면서 나라 경제를 바람직한 모습으로 발전시켜 왔기 때문이다.

세계 금융위기(2008) 이후, 소득 불균등 분배에 대한 불만이 적극적으로 표출되면서 신자유주의적인 경제질서의 개선에 대한 사회적 요구가 분출되기 시작했다. 작은 정부 체제가 40년 이상 계속되면서 소득의 불공평 분배 현상의 개선을 위한 정부의 적극적인 시장 개입을 요구하는 목소리가 커진 것이다.

2020년 초에 발생한 코로나19 대유행은 불행하게도 경제적 약자에게 더 큰 영향을 미쳤다. 각국 정부는 다양한 지원 정책을 강구하기 시작했고, 미국도 큰 정부 체제로의 전환을 선언하는 소위 '더 나은 재건'(Build Back Better)을 위한 총 6조 달러 규모의 정부투자계획을 2021년 취임한 바이든 대통령이 발표했다. 새로운 큰 정부 체제가 등장한 것이다.

문재인 정부는 신자유주의적인 경제정책의 폐해를 강조하는 진보계층의 주장을 등에 업고 큰 정부 체제를 지향하면서 출발했다. 경제적 약자의 소득을 재정을 풀어서 지원하는 '소득주도성장 정책'을 내걸었다. 때 맞춰서 엄습한 코로나19 쇼크가 이를 더욱 부추겼다. 2020년 한 해 동안 4차례에 걸친 추가경정예산(추경)과 2021년 한 차례의 추경 편성 등으로 재정 지출과 국가채무는 급증했다. 새 정부 출범 4년 만에 예산은 157조 원 이상, 국가채무는 295조 원 이상 증가한 것이다.

공공 일자리 창출과 경제적 약자를 지원하기 위한 정부 지원이 크게 늘어났기 때문이다. 여기에다 차기 대선주자들의 다양하고 기발한 '퍼주기' 공약마저 분출하고 있어서 큰 정부 지향적인 정책 변화 추세는 앞으로도 계속 이어질 것 같다.

그러나 규제를 보다 강화하고 '퍼주기' 예산 확보를 위한 소위 '부자 증세' 수단에 의존하는 큰 정부 체제로는 10년 넘게 계속되고 있는 저성장의 터널을 벗어나기 어렵다. 성장을 통하여 나눠먹을 빵 덩어리가 커져야 나눠 줄 몫도 생기고 또 커지지 않겠는가?

우리나라의 1950~1960년대의 집권여당이었던 자유당 정치인들은 고무신과 막걸리를 나눠 주면서 한 표를 부탁하고 다녔다. 그래서 '고무신과 막걸리 선거'라고 당시의 언론들은 빈정대기도 했다. 그런데 고무신과 막걸리는 누구 돈으로 샀는가? 당시 정치인들의 돈으로 샀다.

현재의 정치인들은 나랏돈으로 온 국민들에게 돈을 나눠 주겠다고 한다. 자기 주머니 돈이면 이런 공약들이 어떻게 난무할 수 있겠는가?

Chapter 4

경제민주화 실현을 위한 퍼즐 맞추기

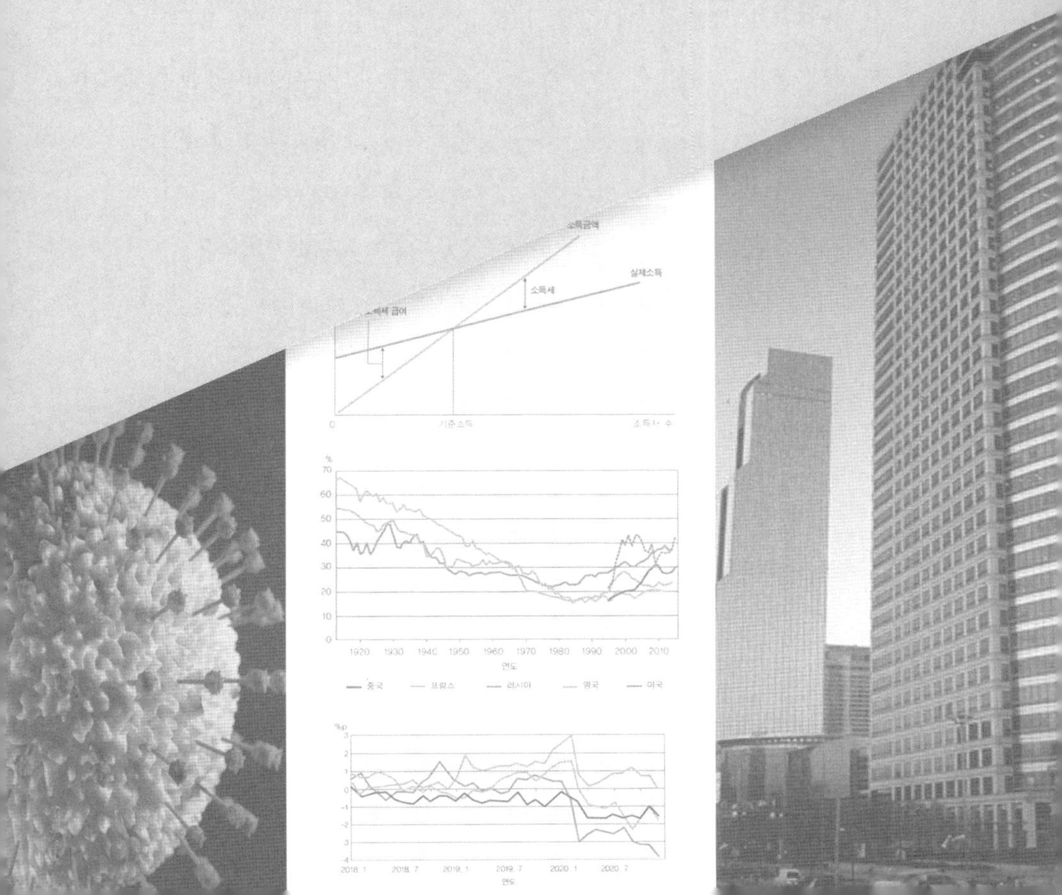

코로나 충격이 우리 사회의 양극화 현상을 더욱 심화시키고 있다. 경쟁참여자 수에 따른 'n분의 1'씩의 공평한(equal) 분배보다는 참여자의 공헌도에 따른 공정한(fair) 분배를 요구하는 목소리도 커지고 있다. 바야흐로 프로토콜(protocol) 시대가 열리고 있기 때문이다.

능력주의를 앞세운 시장경제 체제는 절대빈곤 상태를 극복하게 해준 원동력이었다. 그러나 빈부격차의 심화 현상을 동반할 수밖에 없었다.

크고 강한 자와 작고 약한 자가 함께 잘 사는 나라를 만들어 내자는 것이 경제민주화다. 이를 위해서 여러 가지 생각들이 제안되어 이미 시책화되었거나, 공론화 과정을 거치고 있다. 기존의 정책과 새로운 정책 아이디어는 중복되거나 상충되기도 한다. 그러므로 이들 정책 조각들을 잘 다듬어 현실과 조화시켜야 한다. 그래야 경제민주화 퍼즐은 맞추어질 수 있다. 그래야 지속 가능한 성장을 이룰 수 있다.

1. 어렵고 힘든 여정(旅程), 경제민주화 실현의 길

대한민국 헌법 제119조 제2항은 "… 경제의 민주화를 위하여 경제에 관한 규제와 조정을 할 수 있다."라고 규정하고 있다. 즉, 모든 국민들에게 경쟁에 참여할 수 있는 공평한 기회와 함께, 경제활동의 성과에 대한 공정한 배분기회를 보장해 주기 위하여 정부가 시장 간섭을 통하여 분배를 조정하는 일이 경제민주화를 실현하는 일인 것이다.

경제민주화는 '공평한 기회'를 강조하는 입장과 '소득 불평등 완화'를 강조하는 입장이 있다. 정치권과 시민단체들은 대기업에 쏠린 부(富)의 편중 현상을 법으로 완화시켜야 한다고 주장하고 있으며, 이를 통칭해서 경제민주화라 부르고 있다.

그러나 원래 헌법에 도입된 경제민주화란 개념은 "정부의 과도한 민간 부문에 대한 개입을 완화하여 정부, 기업, 근로자가 동등한 입장에서 민간 부문이 주도하는 시장친화적 경제를 지향한다는 의미로 도입되었고[1] 민간 주도 경제를 의도한 것이지, 부의 배분을 평등화하자는 것은 아니었다."[2]라는 주장도 있었다.

1 현경대, 《신헌법》, 박문각, 1988, pp. 94~95.

우리나라에서 경제민주화가 새삼스럽게 강조되기 시작한 것은 이명박 정부 이후부터였다. 소위 'MB 노믹스'에 의해서 대기업 위주의 성장 정책을 선택하면, 대기업 성장의 과실이 아래 계층의 사람들에게도 떨어지게 되어 경제 전체의 발전으로 이어진다는 '낙수 효과'가 제대로 발휘되지 않았다는 비판적 견해들이 이어졌다. 이에 따라서 대기업의 승자독식(勝者獨食)과 빈곤층의 상대적 박탈감의 심화를 교정하기 위한 수단으로 경제민주화가 새로운 사회적 이슈(issue)로 떠오르게 되었다고 볼 수 있다.

실제로 경제민주화 실현을 위해 제기된 정책들은 대부분 대기업에 대한 규제 강화에 관련된 제도로 짜여졌다. 주요 정책들은 다음과 같이 요약된다.

금산분리(金産分離)

은행업으로 대표되는 금융자본과 제조업으로 대표되는 산업자본이 서로 상대방의 업종을 소유 또는 지배하는 것을 금지하는 정책을 말한다. 금산분리 정책하에서는 기업이 은행의 주식을 일정 한도 이상 보유하거나, 은행 등 금융회사가 기업의 주식을 일정 한도 이상 보유하는

2 좌승희, 〈동반성장 친화적 정치경제체제를 찾아〉, 《한국경제포럼》, 제8권 제2호, 한국경제학회, 2015 여름호.

것이 금지된다.

순환출자 금지

순환출자란 한 기업집단에 속한 수개의 기업들이 서로 돌려가며 자본을 출자함으로써 자본을 늘리는 출자 방식을 말한다. 재벌기업이 소수의 자본으로 시장지배력을 강화시키는 수단으로 이용되고 있다. 공정거래법이 신규 순환출자를 금지하는 내용으로 개정되었다(2014. 7).

기업 또는 기업 수장의 범법행위 관련 예외적 대우 철폐

대기업 총수에 대한 처벌 시에 적용되어 오던 특별한 감면 혜택을 없앴다. 또한 공정거래법 위반 시에도 훨씬 많은 벌금을 부과한다.

출자총액 제한

다른 기업의 주식을 보유할 수 있는 범위를 제한함으로써 재벌기업이 계열사를 확장시키는 수단으로 이용되던 업계의 관행을 억제한다.

중소기업 고유업종제도 지정

중소기업의 고유한 사업 영역으로 적합한 업종을 법률로 지정해서 대기업의 참여를 원천봉쇄한다.

법인세 규정 조정

법인세의 구간이나 실효세율을 조정해서 대기업들의 법인세율을 누진구간을 늘리는 등의 방법을 통하여 높이는 방향으로 조정한다.

경제민주화를 실현하기 위한 정책 수단들은 단순히 대기업에 대한 다양한 규제를 강화해서 중소기업이나 소상공인을 보호하겠다는 발상에 그쳐서는 안된다. 대기업에게 자유로운 경제활동 기회를 부여하되, 일정한 한계를 넘어설 때는 제재를 가하겠다는 공정 실현에 관한 내용에 역점을 두는 것이 보다 바람직하다. 세계시장 속에서 경쟁하고 있는 대기업의 시장경쟁력을 국제 평균 수준 이상으로 규제하지 않아야 하기 때문이다.

소위 사회 양극화 해소를 위하여 소득 불평등 완화를 위한 정책이 크게 부각된 것은 문재인 정부가 선택한 소득주도성장 정책 때문이었다. 2008년 금융위기 이후 계속되어 온 세계적인 경기 침체에 영향을 받아서 한국 경제도 성장 둔화가 진행되는 '잃어버린 10년'을 경험하고 있었다. 경기 침체를 초래한 원인은 총수요가 부족했고, 총수요 중에서 특히 내수 소비의 부족이라고 판단했다. 소비 부족에 의한 총수요 부족 현상을 극복하기 위해서는 노동자들의 일자리와 임금을 늘리고, 소득을 재분배하여 소비 확장을 유도함으로써 새로운 경제성장을 달성할 수 있다는 것이 이론적인 배경이다.

소득주도성장론자들은 고소득층 소득이 증가하면 경제가 성장해서 저소득층에게도 혜택이 돌아간다는 낙수 효과(trickling down effect)가 실패했기 때문에 부유층에 대한 세금을 늘리고 이를 저소득층을 위한 경제·복지 정책에 우선 배분함으로써 분수 효과(fountain effect)를 창출해야 한다고 주장했다.

근로자의 소득을 높여 주면 소비가 증대되면서 경제성장을 유도하게 된다는 것이 소득주도성장론의 핵심이다. 이를 위해서 최저임금 인상과 노동시간 단축, 복지예산 증가를 축으로 하는 정부의 개혁적 시책이 집행되었다. 이러한 정책 선택의 배경으로 OECD 37개 국가들 중에서 저임금 노동자 비율이 23.5%로 2위, 소득 양극화가 2위, 국내총생산에서 소비 비중과 정부 지출이 끝에서 3번째, 사회복지 지출 비중의 꼴찌를 들고 있다.

그러나 '소득주도성장'을 내세우고 이를 실현하기 위해 최저임금의 인상과 각종 수당의 현금지급 방식으로 저소득층의 소득을 확대하겠다는 소득주도성장 정책의 1년간 성적표는 부익부 빈익빈(富益富 貧益貧) 현상을 오히려 확대시킨 것으로 나타났다.

2017년 5월 취임한 문재인 정부는 소득주도성장 정책에 12조 원 이상의 예산을 편성했다. 기초연금 인상, 아동수당 도입 등을 위한 예산 9조 6,000억 원과 최저임금 16.4% 인상에 따른 부작용을 최소화하기 위한 일자리 안정자금 예산 3조 원 등이 그것이다. 그러나 통계청이 발표한 《가계동향조사》(2018)에 의하면 소득 하위 20%인 1분위 소득은 17.7% 감소한 반면에 상위 20%인 5분위 소득은 10.4% 증가하면서 소득 상하위 격차를 나타내는 균등화 처분가능소득 5분위 배율이 5.47배로 커져서 통계 작성 이후(2003) 사상 최대 폭으로 격차가 벌어졌다. 빈부 간의 소득격차를 해소하기 위하여 도입된 정책의 시행 1년간의 효과가 '부익부 빈익빈' 현상을 오히려 확대시킨 결과로 나타난 것이다.

왜 이런 일이 일어난 것일까? 무엇보다 급격한 최저임금 인상 때문에 저소득층(일용직 단순노동자)의 일자리가 줄어들었기 때문이다. 2018년 일자리는 1년 전에 비해서 3.8% 줄어들었고 줄어든 일자리 중에서 27%는 급격한 최저임금 인상 때문에 사라졌다. 또한 저소득층이 많은 일용직 노동자의 고용 감소에 미친 최저임금 인상의 영향은 75.5%에 달했다는 연구 결과가 이를 뒷받침한다.[3]

3 이정민·김대일, 〈2018년 최저임금 인상의 효과〉, 《2019 경제학 공동학술대회 발표논문집》, 2019.

최저임금이 가파르게 오르면 고용주는 인건비 부담이 커지기 때문에 숙련도가 낮은 단순노동자(주로 일용직)의 고용을 줄이는 선택을 하게 된다. 이에 따라서 노동조합의 보호를 받지 못하는 영세기업체 종사자의 고용은 빠르게 줄어든다. 반면에 노조의 영향력이 강한 대기업과 공공 부문 종사자들은 최저임금 인상으로 임금소득의 증가 효과를 누리게 된다.

정부는 소득주도성장 정책의 현실적용상 한계와 부작용을 극복하기 위하여 저소득층에 대한 각종 수당과 지원금을 확대하는 정책 수단을 선택했다. 소득분배의 악화에 대응하기 위하여 소득 하위 20% 계층을 대상으로 하는 기초연금 지급액 인상(25만 원 → 30단 원), 실업급여 보장성 강화, 근로장학금 지급 대상과 지급액 확대 등이 그것이다.

여기에다 코로나19 충격마저 가세했다. 정부는 전 국민 대상 재난지원금 지급 등 예산 증액을 위해서 추경 편성을 4차례나 거듭했다. 이에 따라서 국가채무는 눈덩어리처럼 커지고 있다.

가장 큰 문제는 소위 보편적인 복지 향상이란 개념에서 추진되고 있는 현 정부의 시책 방향이다. 경제적 약자만을 겨냥해서 지원하는 소득지지 정책이 아니기 때문에 빈부격차의 심화를 개선하는 효과는 적을 뿐만 아니라, 오히려 역진시키는 결과로 이어지고 있다는 점에서 국민

그림 4-1 2018년 소득 1분위와 5분위의 근로소득 증가율

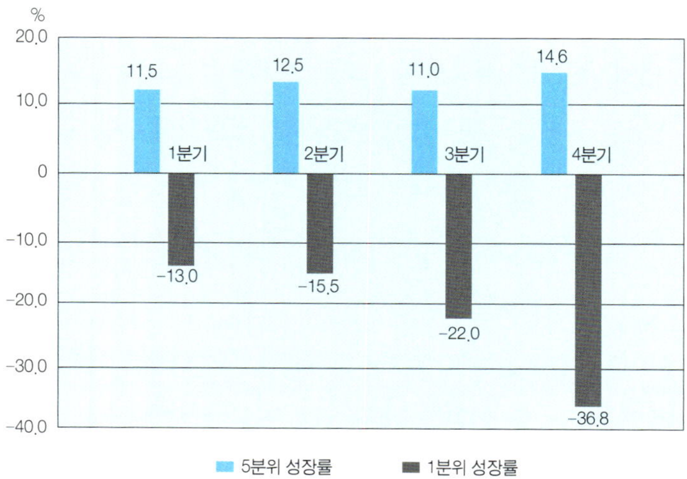

자료: 통계청.

들의 우려를 크게 한다.

2. 보편적 복지냐? 선택적 복지냐?

가난은 크게 상대적 빈곤과 절대적 빈곤으로 나뉘어 파악된다. 생활고를 비관하여 자살하는 사람의 가난을 절대적 빈곤이라 한다면, "사촌이 땅을 사면 배가 아픈" 가난은 상대적 빈곤이다.

절대적 빈곤은 최저생계비에 미치지 못하는 소득을 버는 상태를 말하며, 전체 가구 중에서 최저생계비 이하의 소득을 버는 가구의 비율을 절대빈곤율이라 한다. 이에 비해 상대적 빈곤은 그 사회의 다른 사람들의 소득과 비교해서 중앙값에 있는 사람들의 소득보다 절반 이하를 버는 가구의 비율을 상대빈곤율이라 한다. 최근 들어서 상대적 빈곤 상태가 늘어나고 있다. 일을 하고는 있지만 가난에서 벗어나지 못하는 소위 워킹 푸어(working poor) 현상마저 늘어나기 때문이다.

그렇다면 빈곤 문제를 어떻게 풀어야 할 것인가?

가난은 나라도 구제하지 못한다는 말이 있다. 가난은 모든 사회가 마주하고 있는 가장 큰 문제이다. 실제로 예부터 현재까지의 모든 사회 개혁 정책의 핵심에는 가난에 대처하는 방안이 자리잡고 있었다. 그러나 가난은 상대적인 개념이어서 결코 풀리지 않는 문제이다. 대부분의 현대사회에서는 가난한 계층도 기아에 시달리지 않고 한 세기 전에만 해도 국왕도 누리지 못했던 문명의 산물을 누리고 산다. 그래도 가난은 여전히 가장 중대한 사회 문제이며 앞으로도 그러할 것이다.

가난이 상대적이라는 사실은 '소득 불평등' 현상이 세계적으로 가장 중요한 정치 문제이자 쟁점이 되었다는 사실에서 잘 드러난다.[4]

자본주의 성장 과정에서 빈부격차의 심화와 같은 문제는 어쩔 수 없이 발생하기 때문에 빈곤 문제에 대한 해결방안을 사회적으로 모색해야 한다는 관점에서 창안·도입된 제도가 복지제도이다.

'자유방임'을 기본으로 하는 작은 정부 체제하의 1940년대 영국 정부는 지속적으로 심화되는 빈부격차와 제1, 2차 세계대전으로 더 많이 늘어난 빈곤층 문제를 해결하기 위한 목적으로 베버리지(W. H. Berveridge, 1879~1963) 법안을 채택했다. 이에 따라 '요람에서 무덤까지'라는 사회보장의 기초가 만들어진 것이다. 1945년 영국의 노동당 정부는 이 법안에 따른 복지제도의 실현에 나섰다. 즉, 빈곤층을 위한 최저생활 수준을 보장하도록 했으며, 임금노동자에게 한정되었던 복지정책 대상을 전 국민으로까지 확대하였다. 선별적 복지정책을 보편적 복지정책으로 적용 대상을 넓힌 것이다. 이에 따라서 대부분의 유럽 국가들은 '요람에서 무덤

4 복거일 외 4인, 《기본소득, 논란의 두얼굴》, 한국경제신문, 2017, p. 188.

까지' 라는 복지제도를 선택하여 시행하게 되었다.

그러나 영국은 급격하게 늘어난 복지비용을 감당하기 어려워지자, 보수당의 대처 정부 시기에 '작은 정부' 체제로 회귀하면서 보편적 복지 정책에 대한 대대적인 손질에 나서게 되었다. 이에 따라 '요람에서 무덤까지' 라는 보편적 복지 시책은 스웨덴 등 북유럽 국가에서 아직까지 '복지국가' 형태로 남아 있다.

우리나라의 복지제도는 크게 세 가지 분야로 나눌 수 있다. 공공부조와 사회보험, 그리고 사회복지서비스가 그것이다.

기초생활보장 수급제도나 의료보호 등이 공공부조에 해당한다. 최저생활을 유지하기 힘든 사람들을 대상으로 하여 국가가 경제적인 지원을 하는 것이 기초생활보장제도이다. 이 경우, 빈곤층만을 대상으로 지원하기 때문에 선별적 복지에 해당하며 국가가 전액을 부담한다는 측면에서 재정 부담이 큰 편이다.

사회보험은 가난, 질병, 실업, 재해 등으로 발생할 수 있는 미래의 불안에 미리 대처하고자 하는 것으로, 부담 능력이 있는 개인과 정부가 일정액을 나누어 부담하는 상호부조적 성격이다. 취업하고 나면 월급에서 일정액을 내고, 정부가 여기에다 일정액을 추가하는 국민연금, 건강보험, 고용보험 등이 여기에 해당된다.

사회보장서비스는 복지 수혜 대상자에게 금전 지급과 같은 경제적인 혜택을 제공하는 것이 아닌 다른 서비스를 통해서 복지 혜택을 제공하는 제도이다. 실업자를 대상으로 하여 국고에서 무료로 지원하는 직업훈련이나 빈곤층 학생들에게 무상급식을 제공하는 시책들이 여기에 해당한다.

선별적 복지정책을 선택하고 있는 대표적인 국가는 미국이다.

미국식 복지 모델은 기본적으로 중산층 이상이 세금을 내면 가장 취약한 하류층이 복지 혜택을 받는 구조이다. 가난한 사람에게 복지를 은혜처럼 베푼다는 뜻에서 시혜적(施惠的) 복지 모델이라고 불리기도 한다. 선별적 복지정책은 복지비용을 최소화하면서도 지원이 꼭 필요한 집단에 한정해서 효율적으로 지원하다는 장점이 있다. 그러나 복지 대상을 경제적으로 가난한 집단이라고 낙인을 찍는 문제가 있다.

미국에서는 의료보험도 사회보험이 아닌 개인보험 형태이다. 이를 사회보험화시키기 위해 오바마 정권 때 공공적 의료보험제도를 법으로 통과시켰다. 이 과정에서 국민들의 저항이 컸다. 미국의 오래된 선별적 복지의 전통 때문이었다.

보편적 복지제도는 영국에서 시작되어 북유럽으로 퍼져나갔다. '요람에서 무덤까지'라는 표어에서 보듯이 모든 국민들을 대상으로 하는 복지제도로 스웨덴이 대표적인 국가이다.

보편적 복지제도는 가능한 한 많은 세금을 거두고, 이를 복지정책을 통해서 전 국민을 대상으로 하는 사회적 분배를 최대화한다는 방식이다. 그러므로 기업들의 경제하려는 의지를 손상시켜서 국가경제의 성장률을 낮추기도 하고, 일하지 않고 복지 수혜만 누리는 집단이 생겨서 소위 '복지병'이란 사회 문제를 야기시키기도 한다.

우리나라는 보편성과 선별성을 아울러 갖추고 있는 혼합형 복지제도를 시행하고 있다. 병원에서 치료비로 각 개인이 내는 돈은 적다. 개인과 국가가 공동 부담한 의료보험에서 나머지를 부담하기 때문이다. 의무교육제도 때문에 초·중학교에서는 등록금이 면제된다. 정부가 교육비를 부담하기 때문이다.

의료보험이나 의무교육제도는 전 국민을 보호 대상으로 한다. 그러므로 보편적 복지제도를 적용하고 있다고 할 수 있다. 그러나 기초생활보장제도는 빈곤층만을 대상으로 하기 때문에 선별적 복지제도를 함께 운영하고 있다.

문재인 정부가 코로나 충격에 의한 재난지원금 명목으로 2020년 전 국민(4인 가구 이상)에게 최대 100만 원씩 지급한 1차 재난지원금은 14조 3,000억 원 규모의 추경예산으로 마련되었다.

재난지원금은 전 국민을 대상으로 지급되었기 때문에 보편적 복지 정책이다. 보편적 복지정책은 여러 가지 형태로 다양한 제안이 정치권에서 제기되고 있다. 특히 다가오는 대통령 선거를 앞두고 기발한 복지 정책의 아이디어는 흘러넘친다.

그러나 새로운 복지정책은 전 국민이 아닌 취약계층 지원 확대로 사용되는 것이 맞다. 그래야 소득 양극화 해소에 효과적으로 기여할 수 있을 것이기 때문이다. 그래서 재정에 여유가 생기면 교육, R&D(연구개발), SOC(사회간접자본) 투자 등을 통해서 우리 경제의 성장잠재력을 높여 나가야 한다는 주장이 보다 설득력이 높은 것이다.

재난지원금의 소비 진작 효과는 크지 않았고 계층 간 소득격차 해소 효과는 오히려 역진적(逆進的)이었다는 쓰라린 정책실패의 경험을 잊어서는 안된다.

3. 우리나라 사회보장제도의 문제

사회보장제도는 국민의 기본생활보장, 소득분배를 통한 불평등 완화, 취약계층 지원을 통한 사회적 연대감을 제고하는 데 목적을 두고 있다.

사회보장제도는 비용 일부를 부담하는 가입자를 대상으로 하는 사회보험과 해당되는 인구집단 전체를 대상으로 하는 사회수당, 빈곤층이나 취약계층을 대상으로 하는 사회부조, 그리고 사회서비스로 구성되어 있다. 사회수당과 사회부조 및 사회서비스의 재원은 조세로 조달된다(표 4-1).

사회보장제도 중에서 가장 포괄적이고 지출 비중이 큰 제도는 사회보험제도인데, 공적연금과 고용보험, 산재보험, 건강보험, 노인장기요양보험 등으로 구성되어 있다.

사회수당제도는 기초연금과 아동수당으로 구성되어 있는데, 기초연금은 전체 노인소득 하위 70%에게, 그리고 아동수당은 전체 아동의 90%에게 지급된다. 사회부조제도 중에서 기초생활보장제도는 중위가구 소득의 30~50% 이하 저소득 가구를 대상으로 생계, 주거, 교육, 출산, 장례, 의료급여 등이 지원된다. 이 중에서 생계급여는 중위가구 소득의 30%, 의료급여는 40%, 주거급여는 45%, 교육급여는 50% 수준까지만 지

표 4-1 한국사회보장제도의 구조와 특징

<table>
<tr><th>유형</th><th colspan="2">제도명</th><th>주요 기능</th><th>보장 범위</th><th>재원 조달</th></tr>
<tr><td rowspan="5">사회보험</td><td colspan="2">공적연금</td><td>노후대비(미래)</td><td>전 국민(직장·지역)</td><td>기여(임금·소득기반)</td></tr>
<tr><td colspan="2">건강보험</td><td>건강보장</td><td>전 국민(직장·지역)</td><td>기여(임금·소득기반)</td></tr>
<tr><td colspan="2">고용보험</td><td>소득보장(실직)
고용지원</td><td>전 임금 근로자영업자
(임의)</td><td>기여(임금기반)</td></tr>
<tr><td colspan="2">산재보험</td><td>소득보장(산재)
재활지원</td><td>전 임금 근로자영업자
(임의)</td><td>기여(임금기반)</td></tr>
<tr><td colspan="2">노인요양보험</td><td>요양보장(돌봄)</td><td>선별적</td><td>기여(건강보험)</td></tr>
<tr><td rowspan="2">사회수당</td><td colspan="2">기초연금</td><td>소득보장(노인)</td><td>준보편적(70%)</td><td>조세</td></tr>
<tr><td colspan="2">이동수단</td><td>소득보장(아동)</td><td>준보편적(90%)</td><td>조세</td></tr>
<tr><td rowspan="2">사회부조</td><td colspan="2">기초보장</td><td>소득보장(빈곤)</td><td>매우 선별적
(엄격한 선정기준)</td><td>조세</td></tr>
<tr><td colspan="2">자립지원</td><td>소득보장
(근로빈곤)</td><td>매우 선별적
(수급자 중심)</td><td>조세</td></tr>
<tr><td rowspan="8">사회
서비스</td><td colspan="2">고용지원</td><td>취업지원직업훈련</td><td>프로그램 상이 선별적</td><td>조세</td></tr>
<tr><td colspan="2">교육복지</td><td>교육 서비스</td><td>보편적·선별적</td><td>조세</td></tr>
<tr><td colspan="2">주거복지</td><td>주거 서비스</td><td>선별적</td><td>조세</td></tr>
<tr><td colspan="2">보건의료</td><td>의료 서비스</td><td>선별적</td><td>조세</td></tr>
<tr><td rowspan="4">복지
서비스</td><td>노인</td><td>돌봄·생활 서비스</td><td>선별적</td><td>조세</td></tr>
<tr><td>장애인</td><td>돌봄·생활 서비스</td><td>선별적</td><td>조세</td></tr>
<tr><td>아동</td><td>돌봄 서비스</td><td>보편적(보육)</td><td>조세</td></tr>
<tr><td>가족</td><td>지원 서비스</td><td>선별적</td><td>조세</td></tr>
<tr><td rowspan="2">조세정책</td><td colspan="2">근로장려세제</td><td>근로유인소득지원</td><td>선별적(저소득층)</td><td>조세환급</td></tr>
<tr><td colspan="2">아동장려세제</td><td>소득지원</td><td>선별적(저소득층)</td><td>조세환급</td></tr>
</table>

자료: 김미곤 외, 《한국의 사회보장제도》, 2018.

원된다.

사회서비스는 복지, 고용, 주거, 교육, 의료 등 다양한 분야에서의 서비스를 포괄하며 대부분 선별적으로 제공된다.

2020년 기준 사회보장 지출 규모는 185조 4,000억 원으로 정부총지출의 34.9%를 차지하고 있으며, 총지출에서 차지하는 비중은 2016년의 31.3%에서 점차 높아지고 있다. 이를 부문별로 보면 사회복지 분야가 92%, 보건 분야가 8%였고, 사회복지 분야 중에서는 공적연금(29.9%), 주택(16.0%), 고용(12.7%), 노인(9.0%), 기초생활보장(8.2%) 순으로 비중이 높았다. 사회보장 분야 지출은 2016~2020년간 연평균 10.6%씩 증가함으로써 같은 기간의 정부총지출 증가율(7.7%)보다 빠른 속도로 증가해 왔다. 그러나 보건의료와 건강보험 등의 보건지출은 사회복지지출 총액의 8.5~9.5% 수준을 유지해 왔다(표 4-2).

우리나라의 사회보장제도는 다음과 같은 대표적인 세 가지 문제점에 직면하고 있다.

첫째, 복지제도 간의 중복지원 문제와 복지사각(死角)지대 발생의 문제이다. 사회수당 성격의 기초연금제도와 사회보험 성격의 국민연금 및 공적부조 성격의 기초생활보장제도 간의 중복 가능성은 매우 높다.

표 4-2 중앙정부의 사회복지·보건 분야 재정 규모(2016~2020)

(단위: 억 원, %)

구분	2018	2018	2020	비중	연평균 증가율
정부총지출(A)	3,952,303	4,326,736	5,310,996	100.0	7.7
사회복지 보건(B)	1,238,573	1,457,368	1,854,349	100.0	10.6
비율(B/A)	31.3	33.7	34.9	–	–
사회복지	1,130,972	1,346,355	1,706,820	92.0	10.8
보건	107,601	111,015	147,529	8.0	8.2

자료: 국회예산정책처, 《사회보장정책분석》, 2020. 6.

또한 국민연금제도는 낮은 사회보험 가입률(69.8%, 2020년) 때문에 65세 이상 인구의 59%는 국민연금을 못 받는 사각지대에 위치하고 있다. 중복지원 문제와 복지사각지대 해소를 위한 복지정책의 개선이 중요한 현안 과제가 되고 있는 이유이다.

둘째, 복지 전달 과정에서 발생하는 비효율성으로 인한 고비용 문제와 도덕적 해이 현상을 근본적으로 해소하는 문제이다. 현행의 복지제도가 다양하게 그리고 촘촘히 짜여 있기 때문에 복지 전달 과정에서 발생하는 행정인력의 비효율성으로 인한 고비용 문제는 불가피하다. 복지 수요자 입장에서도 어떤 내용의 복지가 어떻게 결정되어 어느 정도로 제공되는지를 알기 어렵다. 이 때문에 일단 복지급여의 틀 속에 진입하면 나오지 않으려는 도덕적 해이 현상마저 일어나서 복지재원은 계속

증가하게 되는 문제가 발생하게 된다.[5]

셋째, 인구고령화와 함께 소가족제도가 보편화됨에 따라서 국가에의 복지 의존도가 점차 높아지기 때문에 정부의 복지지출 확대는 불가피하다. 복지 지출 확대는 조세 부담 증가를 요구하게 되므로 복지 지출 확대에 대한 국민의 공감대 형성이 필요하다. 소득재분배 차원의 복지 지출을 어떤 소득계층을 대상으로 하여 얼마나 늘릴 것인지, 그리고 재원조달을 어떻게 할 것인지 등에 대한 국민적 합의가 이루어져야 새로운 복지정책의 무난한 정착과 순항(順航)을 기대할 수 있다.

우리 국민들은 소득창출과 부의 축적 과정에서 공정한 경쟁과 시장의 보상원리가 보다 충실하게 작동하길 기대한다. 동시에 국가 전체적으로 소득재분배 기능이 보다 강화되길 기대한다.[6]

그러나 소득재분배 정책이 인기영합적인(Populism) 반짝 정책으로 그치지 않고, 지속성을 확보하기 위해서는 몇 가지 정책이 동시에 강구될 필요가 있다.

첫째, 소득재분배 정책 대상인 절대빈곤층에 속하는 국민의 수를

5 김낙회 외, 《경제정책 어젠다, 2022》, 21세기 북스, 2021, pp. 78~79.
6 황수경, 《한국의 재분배 선호와 정책결정》, KDI, 2019.

효과적으로 감축시켜서 중산층의 두께를 넓히는 일이다. 절대빈곤층이 줄어들어야 재분배를 위한 재정부담이 줄어들고, 중산층이 보다 두터워져야 우리 사회가 흔들림 없이 안정적인 발전을 할 수 있기 때문이다.

둘째, 기업들의 자유로운 경제활동을 억제하는 규제 완화에 적극적으로 나서야 한다. 이를 통해서 좋은 일자리를 많이 만들어 절대빈곤층의 수를 줄이는 동시에 소득재분배를 위한 조세부담 능력을 키워 주어야 한다. 사회주의 국가인 중국보다 더 규제가 많은 나라라는 오명(汚名)에서 벗어나야 하지 않겠는가?

셋째, 현재 시행되고 있는 복지정책과의 중복성이나 누수성(漏水性)을 막을 수 있는 정책 시행의 효율화 방안이 강구되어야 한다.

1964년 12월, 박정희 대통령은 서독의 함보른 광산을 찾아서 파독(派獨) 광부들을 마주하고 목이 메인 연설을 했다. "여러분, 나는 지금 대한민국 대통령으로서 몹시 가슴이 아픕니다. 그러나 우리 자손들에게는 이런 불행을 겪게 하지 맙시다. 잘사는 나라를 남겨 줍시다." 강당은 눈물바다가 되었다고 한다.

1963년부터 1977년 동안에 서독으로 험한 일자리(광부와 간호사)에 취업한 2만여 명의 광부와 간호사가 보내준 귀중한 외화는 당시 절대빈곤 상태에서 헤매고 있던 우리나라 산업화의 소중한 밑거름이 되었다.

드디어 산업화 경제성장에 성공하여 인구 5,000만 명 이상, 국민소득 3만 달러 이상인 국가들로 구성된 '50-30 클럽'의 일원이 되었다. 그리고 이제는 경제민주화를 통한 복지국가 실현을 내세우고 있다.

이를 어떻게 실현시킬 것인가? 가장 중요한 것은 '동반성장' 정신이 확립되어야 한다. 대기업과 중소기업 간, 부자와 빈자 간, 수도권과 지방 간, 도시와 농촌 간, 세대 간, 그리고 남녀 간 등 모든 분야의 동반성장 기풍이 조성되어야 한다. 그래야 박정희 대통령이 눈물로 호소한 '잘사는 나라'를 만들 수 있다.

다음으로 중요한 것은 세계 평균 수준 이상으로 적용되고 있는 규제를 완화하여 경쟁력 향상이 저해되지 않는 시장경쟁 환경을 조성하는 일이다. 세계경제포럼은 우리나라 정부규제 환경을 138개국 중에서 105위로 평가하고 있다. 경쟁국에 비해서 한참 뒤처지고 있는 것이다. 이를 경쟁국과 최소한 비슷한 수준까지는 개선해야 한다는 재계(대한상의)의 주장을 귀담아 듣고 규제 완화에 나서야 한다.

기업이 좋은 일자리를 많이 만들 수 있도록 적극 도와야 한다. 정부가 일자리를 만들어 내겠다는 터무니없는 생각은 이참에 버리는 게 맞다.

4. 동반성장의 길

사회보장제도는 국민의 기본생활 보장, 소득분배를 통한 불평등 완화, 취약계층 지원을 통한 사회적 연대감을 제고하는 데 제도의 목적을 두고 있다.

'동반성장'은 더불어 성장하고 함께 나누어서 다 같이 살기 좋은 사회를 만들자는 취지이다. '함께 나누자'는 것은 있는 사람 것을 빼앗아서 없는 사람 주자는 것이 아니다. 그보다는 경제 전체의 파이를 크게 하되, 분배의 틀을 조금 바꾸자는 것이다. 성장을 추구하지 않는 분배는 그저 제로섬 게임(zero sum game)일 뿐이다.

한국의 GDP가 100인데, 이 총생산물이 부유한 계층에 80, 가난한 계층에게 20으로 분배되었다고 하자. 동반성장이 추구하는 것은 GDP를 100에서 110으로 키우되, 추가로 늘어난 과실 10을 좀 더 형평성 있게 분배하자는 것이다. 즉, 10이란 성장 과실을 종전처럼 분배해서 부자와 빈자 간에 8대 2로 나누는 대신에 4대 6으로 나누어서 부자의 소득은 84로, 그리고 빈자의 소득은 26으로 하자는 것이다. 부자와 빈자가 모두 성장의 과실을 더 얻게 되지만 빈자의 증가분이 부자의 증가분보다 조금이라도 크게 하자는 것이다.[7] 대한민국 헌법 제119조 제2항은 경제에 관한

7 정운찬, 《한국경제 동반성장 자본주의》, (주)파람북, 2021, pp. 45~46.

규제와 조정을 통하여 경제의 민주화를 이루도록 하기 위한 정부의 시장 개입을 허용하고 있다.

그러나 보다 중요한 것은 정부의 규제나 조정에 의한 정부의 시장 개입에 선행해서 경제주체 간의 조화와 협력을 통한 경제의 민주화를 실현하기 위한 노력을 강조하고 있는 것이 우리나라 헌법정신이다.

절대빈곤 상태를 극복하기 위하여 정부는 성장제일주의를 선택했다. 소수의 기업가에게 자본을 비롯한 자원을 집중 배분하는 산업화 성장을 계획하고 집행했다. 기업가들은 자본과 노동을 동원하여 생산을 이끌었다. 내수(內需)산업에서 출발하여 수입대체(代替)산업, 그리고 세계시장을 대상으로 하는 수출산업으로 사업 영역과 규모를 확장해 나갔다. 국민들은 일하고 또 일하는 해를 보내면서 숙명처럼 이어져 오던 가난 극복을 위하여 세계가 경탄해 마지않던 장시간 노동에도 군말 없이 힘을 모았다. 산업화 성장 정책은 성공했고 절대빈곤 상태도 훌륭하게 벗어났다. 그러나 이때부터가 문제였다.

성장제일주의 시대를 거치는 동안에 누적되어 왔던 부의 불공평한 분배와 경제력 집중 현상에 대한 국민들의 반발이 점차 거세졌다. 급속한 경제성장 시대를 이끌어 왔던 권위주의적인 통치 체제도 민주정부 체제로 전환되었다. 이러한 사회적 분위기 속에서 2008년 세계 금융위기가 발생했고 한국 경제도 2%대의 저성장 체제로 돌아섰다. 저성장 추세는 10년 넘게 계속되고 있고 여기에다 인구절벽 현상마저 가세해서 우리 경제는 다시 활력을 되찾기 어려운 지경으로 내몰리고 있다.

우리 경제에게 주어진 과제는 다음의 두 가지로 요약할 수 있다.

첫째, 어디에서 새로운 성장동력을 찾아서 어떤 성장 방식으로 운영할 것인가?

둘째, 성장 과실을 분배하는 방식을 어떻게 바꿈으로써 경제민주화를 실현할 것인가?

기업들은 자유로운 기업활동을 제약하고 있는 점차 강력해지고 있는 규제를 완화 내지 해소해야 한다고 요구하고 있다. 코로나 쇼크 이후 우리 경제를 지탱해 온 것은 수출기업의 저력이었다. 그러므로 우리 기업의 자유로운 경영활동과 혁신의지를 북돋기 위해서는 반(反)시장적인 규제를 완화, 해소시키는 것이 필요하다. 적어도 경쟁국보다 더 강력한 규제가 지속된다면 기업들은 해외 이전을 보다 적극적으로 모색하게 될 것이고, 이에 따라 좋은 일자리 창출은 보다 어렵게 될 것이기 때문이다.

그러나 규제 완화를 정부에 요구하기에 앞서서, 국민들 사이에 널리 퍼지고 있는 반기업 정서(反企業情緖)를 완화시키기 위한 기업 내부의 경영혁신 내지 경영관습의 변화 등이 선행될 필요가 있다.

2019년 우리나라 64대 대기업 그룹 계열사 2,284곳이 올린 매출은 우리나라 명목 GDP의 84.3%였다. 그러나 64개 대기업 그룹 직원 수는 전체 고용인원의 11%에 해당하는 158만 명에 불과했다. 대기업 직원이 아닌 중소기업의 고용인원이 89%이다. 여기에 포함되지 않은 자영업자까지 포함하면, 대기업 그룹은 우리나라 국내 생산액의 대부분을 생산하면서도 고용영향력은 지나치게 낮은 셈이다.[8]

여기에다 실업률마저 4.5%로 역대 최고치를 경신하고 있다. 이러하니 재벌 기업의 승승장구를 바라보는 국민들의 시선이 고와질 리 없다. 더구나 고용 증가에 큰 도움이 되지 않은 대기업보다는 중소기업과 소상공인에 대한 정부 지원이 강화되어야 한다는 요구마저 분출되고 있는 마당에 어찌 반기업 정서를 가라앉힐 수 있겠는가?

이제 우리 사회는 ESG(환경, 사회, 지배구조) 시대에 돌입하고 있다. 환경과 지구에 대한 책임과 기업경영의 정직성과 투명성 및 사람과 복지에 대한 기업의 책임을 묻는 시대가 바야흐로 열리고 있기 때문이다.

8 한국 CXO연구소.

ESG 투자의 폭발적인 성장의 배경에는 '코로나19'가 있다. 인류사회가 당면한 초유의 재앙 앞에서 사람들은 기후 변화 등의 환경 악화 문제를 절감하게 되었고 사회적·도덕적 기업에 대한 사회적 요구가 더욱 절실해졌기 때문이다. 그러나 ESG 경영에서 E와 S는 사회적 가치이지만, G는 주주가치여서 기업 내부에서 언제든 충돌할 수 있는 문제가 있다. 왜냐하면 기업의 이해관계자를 중심으로 하는 사회적 가치를 추구하는 것은 수익률 향상을 추구하는 주주가치와 배치될 수 있기 때문이다.

마이클 포터(M. Porter) 교수는 기업의 이익과 사회적 이익이 배치되는 상황에서 갈등하고 고민하던 시대는 끝났다고 지적했다. 신기술 채용과 새로운 혁신을 통해서 기업이 이익을 추구하면서, 동시에 사회적 공유가치를 창조하는 선순환(善循環)에 나서야 새로운 성장시대를 열 수 있다는 것이다. 기업들이 단기적인 이윤 추구에만 몰입하던 경영관습에서 벗어나서 사회적으로 필요한 공유가치(共有價値)를 창출하는 장기적인 안목에 의한 경영 방식을 선택하게 되면 시장의 성장과 소비자의 선택을 통해서 새로운 성장기회를 창출할 수 있다는 것이다.

대기업은 성장의 열매를 독식해 오던 오랜 관행에서 벗어나서 사회적 책임을 다하기 위해서 최선의 노력을 다해야 한다. 이에 따라서 반기업 정서는 해소될 것이고, 기업의 자유로운 활동을 억제하던 다양한 규제는 자연스럽게 완화 내지 해소될 수 있을 것이다.

많은 대기업들이 동반성장을 위한 상생경영(相生經營)에 나서고 있다. 대표적인 기업의 몇 가지 사례를 살펴본다.

삼성전자

"협력회사의 발전이 곧 삼성전자의 경쟁력 향상으로 이어진다."는 철학 아래 협력회사를 대상으로 지금 지원, 기술·제조 혁신 및 인력 양성 등 3개 분야를 중점 지원하고 있다.

2005년부터 협력회사의 물품대금을 현금으로 지급해 오던 삼성전자는 1차 협력회사가 2차 협력회사의 물품대금을 30일 이내에 현금으로 지급할 수 있도록 5,000억 원 규모의 물재지원펀드를 조성하여 무이자 대출로 지원하고 있다.

1조 원 규모의 상생펀드를 조성해서 협력사의 설비투자 및 기술개발에 필요한 자금을 저금리 지원하며 2018년부터는 3차 협력회사 전용 펀드(상생펀드·물재지원펀드)를 추가로 조성, 운영 중이다.

이 외에도 보유 특허 2만 7,000건의 무상개방, 상생협력 아카데미 교육센터를 통한 인재 육성 등 다양한 상생경영 시스템을 시행하고 있다.

현대차 그룹

2019년 중소부품 협력업체의 경영 안정과 신기술 투자를 위한 1조 6,728억 원의 상생협력 프로그램을 마련했다. 이어서 코로나19 사태의 극복을 위한 1조 원대의 긴급자금 지원을 했다. 또한 부품 협력업체들의 최저임금 인상에 따른 경영안정자금 지원을 위해서 상생협력기금 500억 원을 출연했고, 이어서 1,000억 원 규모의 2·3차 협력사 전용 상생펀드를 조성해서 저금리 대출 지원도 시행하고 있다.

동반펀드로 상생모델 만들어 협력사 지원

많은 기업들이 협력사에 대한 다양한 지원 프로그램을 개발하여 시행하고 있다.

LG전자는 경쟁력 강화, 차세대 기술, 자금, 교육 및 인력, 인프라 개선 등 5대 상생과제를 선정하고 지속적으로 협력사를 지원하고 있다. LG그룹은 친환경 사회적 기업의 지속 가능한 성장을 돕기 위한 맞춤형 금융 지원 프로그램인 'LG 소셜 캠퍼스'를 통해 ESG 경영생태계 조성에 나서고 있다.

LG화학은 협력회사의 원활한 자금운용을 위해 2,061억 원의 금융 지원을 하고 있다. 이를 통해서 하도급 업체의 납품대금 결제를 100% 현금 지급하고, 하도급 대금도 마감 후 7일 이내에 월 3회 지급하고 있다.

두산그룹은 생생결제 시스템 도입, 동반성장 아카데미 개최, 성과공유제 활성화와 경쟁력 강화 지원 등 협력사와의 '선순환적 파트너십' 구축을 목표로 하는 경쟁력 공유, 기술력 및 재무 지원 등 다양한 동반성장 프로그램을 운영한다.

SK그룹

SK그룹은 향후 5년간 약 18조 원을 투자해서 국내 수소생태계 조성을 본격적으로 추진한다. 국내 수소사업 인프라 투자와 글로벌 기업과의 파트너십 등을 통해 수소의 생산-유통-소비에 이르는 가치사슬(value chain)에서 글로벌 1위 수소기업으로 도약한다는 기업목표를 밝히고 있다.

수소생태계를 구축하는 과정에서 건설, 조선, 자동차 제조 분야는 물론, 연료전지와 수소생산 분야에서 총 20만 명 이상의 고용유발 효과와 함께 34조 원의 사회·경제적 편익 창출을 기대하고 있다.

대기업의 미래 먹거리 확보를 위한 신성장 산업에 대한 적극적인 투자와 기업 간 협력 확대 등 상생경영의 기대되는 효과는 다음과 같다.

새로운 일자리 확대가 이루어지고 성장의 온기가 협력업체와 소비자에게 고루 퍼지는 상생 선순환이 이루어지면 국민들의 반기업적 정서도 차츰 가시게 될 것이고 기업의 자유로운 경제활동을 옥죄는 규제도 점차 완화되어 갈 것으로 기대된다.

무엇보다 그동안의 눈부신 경제성장의 과실 대부분을 배분받은 대기업들이 먼저, 그리고 크게 변해야 한다. 오늘날의 대기업을 창업한 선대 기업가들의 꿈이 '모두 같이 잘 사는 좋은 나라 만들기'였다는 점을 새삼 되새길 필요가 있다.

우리 경제에 좋은 중소기업이 많이 생겨나기 위해서는 무엇보다도 재벌 대기업이 법률을 준수하고 공정한 게임의 규칙을 잘 지켜 나가면서 협력 중소기업과의 하도급 거래에서 납품단가 후려치기나 기술 탈취 등과 같은 불공정거래 관행을 근절해야 한다. 그 결과 중소기업이 대기업과의 관계에서 합당한 보상을 받을 수 있다는 확신을 갖게 되면 창의적이고 혁신적인 중소기업이 많이 생겨나고, 대부분의 국민들이 '괜찮은 일자리'를 갖게 될 것이다. 그것이 모두가 행복해지는 사회로 가는 지름길이다.[9]

재벌 대기업들이 법률로 강제하지 않더라도 스스로 동반성장에 나설 수 있어야 한다. 이를 통하여 우리 경제의 성장잠재력을 최대한 발휘

9 정운찬, 《한국경제 동반성장 자본주의》, (주)파람북, 2021, p. 113.

할 수 있도록 이끌어야 한다. 이러한 기업문화가 정착된다면 모든 국민으로부터 사랑을 받는 대기업들이 탄생될 것이고, 이에 따라서 재벌기업에 대한 우리 사회의 부정적인 인식도 사라져서 과도한 규제도 해소되어 갈 것이다.

5. 산업규제 완화 및 해소의 길

정부는 10년 넘게 계속되고 있는 2%대의 저성장 추세를 바꾸기 위해서 혁신성장을 앞세우고 있다. 이를 위해서는 신기술에의 적응 능력을 확대하고 신성장 산업을 촉진하는 정책 환경이 조성되어야 한다.

그러나 현 정부 들어서 급등한 최저임금, 획일적 주 52시간 근무제, 대폭 강화된 환경·안전 규제, 법인세율 인상, 친노조(親勞組) 정책 등의 요인으로 규제는 더욱 강해졌고 신산업 진출을 위한 기업의 의지는 사업장 해외 이전 욕구의 증가로 이어지고 있다.[10] 전국경제인연합회와 중견기업연합회, 그리고 벤처기업협회가 공동 실시한 〈기업규제 강화에 대한 기업인 인식조사〉 결과에 따르면 230개 조사기업 중에서 해외 이전(21.8%), 국내 고용 축소(37.3%), 국내 투자 축소(27.2%)를 고려하고 있는 것으로 나타났다.

2020년 외국인 직접투자(FDI)는 전년보다 11% 줄어든 207억 5,000만 달러였다. 이 중에서 선진경제권인 일본 투자는 49% 감소했고, 미국이

10 한국 CXO 연구소가 자산 5조 원 이상 71개 기업집단의 해외 법인 현황을 분석한 자료에 의하면 해외 법인은 124개국에 걸쳐 모두 4,703개인 것으로 밝혀졌다. 이 중에서 버진 아일랜드, 파나마, 마샬 아일랜드 등 조세 피난처로 거론되는 지역에 세운 해외 법인 수는 120개소를 넘고, 싱가포르, 홍콩, 말레이시아 등 조세 회피성 국가 등에도 610개 이상의 법인이 세워진 것으로 밝혀졌다.

35%, 유럽연합이 34% 줄었다. 한국이 '기업하기 힘든 나라'라는 국내 기업의 불만에 해외 기업들도 동감하고 있는 것이다.

문재인 정부는 취임 초부터 '기업하기 좋은 나라'를 약속했다. 그러나 기업규제 3법(상법, 공정거래법, 금융그룹 통합 감독법)과 기업·경영자 처벌을 강화하는 중대재해처벌법 및 유통산업 발전법 개정안 등으로 기업의 자유로운 활동에 족쇄를 채우는 역주행은 계속되고 있다.

우리나라의 산업규제는 국제적으로 비교하면 어떤 수준인가?

전국경제인연합회가 OECD 국가를 대상으로 WEF, IMD, Cornel이 발표한 국가경쟁력 지수 중에서 기업과 관련한 제도경쟁력을 분석, 제시한 결과(2021. 4. 14)에 따르면, 한국의 규제는 OECD 37개국 중에서 26위로 나타났다. 이는 같은 자료에서 분석한 한국의 국가경쟁력이 중상위권(WEF 기준 10위, IMD 기준 17위, Cornel 기준 9위)을 기록한 것과 대조적이다. 제도경쟁력이 하위권으로 처져 있는데도 불구하고 국가경쟁력은 높은 것이다.

바꿔 말하면, 국가경쟁력을 낮추는 요인이 기업제도경쟁력이라는 것이다. 기업제도경쟁력은 G5 국가(미국 6위, 영국 11위, 독일 16위, 일본 17위, 프랑스 21위)는 물론 GDP가 한국의 1/7 수준인 포르투갈(24위)보다도 낮은 것으로 나타났다(그림 4-2).

그림 4-2 한국의 기업제도경쟁력의 정도(OECD 국가 대상)

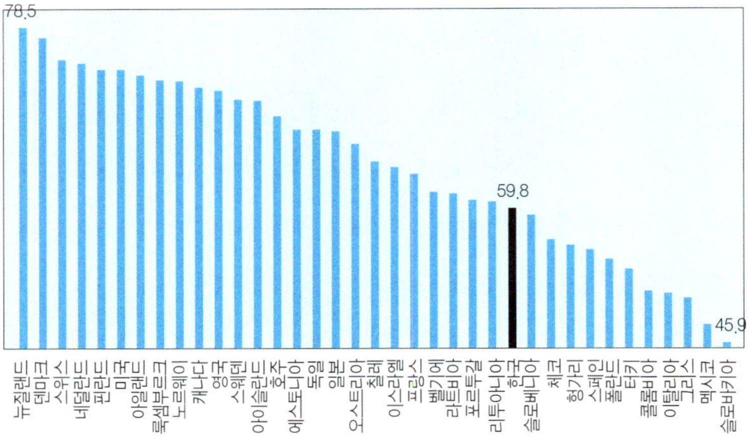

자료: 〈한국 기업제도경쟁력, OECD 37개국 중 26위〉, 머니투데이, 2021. 4. 14.

제도경쟁력 분야별로는 노동 분야가 28위, 조세 분야가 26위, 규제 분야가 25위, 정책효율성 분야가 23위, 혁신 분야가 19위를 기록했다.

자유로운 경제활동을 제한하는 규제가 많은 상태에서 경제적 약자들의 복지 향상을 위한 목적으로 증세(增稅)를 한다면 나라 경제를 망치는 결과에 이르게 된다. 능력 있는 사람들의 창의와 열정을 살리지 못하면서 세금만 많이 거두게 되므로 경제는 시들 수밖에 없지 않겠는가?

좋은 일자리와 경제적 번영은 민간의 자유로운 경제활동의 결과물이다. 그러므로 단순히 경제적 약자를 위한 복지 지출 확대는 경제적 번영도 기대하기 어렵고 지속 가능하지도 않다. 그렇다고 해서 자유만 추구해서는 능력이 부족한 경제적 약자들의 가난을 해결할 수 없다. 결국 능력이 부족한 사람들의 어려움을 외면해서는 규제 완화도 추진하기 어렵고, 좋은 나라 만들기도 어렵다는 사실에 동의해야 한다. 그러므로 가난한 자를 위한 사회안전망 구축에 힘을 모으는 대신에, 기업의 보다 자유로운 경제활동을 보장받는 사회적 타협을 모색할 수밖에 없다.

바람직한 사회적 타협은 좋은 정치가 이끌어 내야 한다. 좋은 정치를 갈구하는 염원(念願)이 타는 목마름으로 가득찬 이유가 여기에 있다.

사회적 타협을 통해 우리 국민들의 잠재력이 제대로 발휘될 수 있게 제도개혁을 해야 한다. 노동계와 시민단체 등 좌파 진영은 의미 있는 사회안전망을 얻고 대주주 지위를 재정립한다는 전제 아래, OECD 국가 평균 수준의 규제 완화를 받아들여야 한다. 우파 진영은 대주주의 지위를 재정립하면서 경제활동의 자유를 얻어야 한다.

정부는 과도한 국가중심주의 사고에서 벗어나 OECD 국가 평균 수준의 경제적 자유를 허용하면서 부의 소득세(negative income tax)를 근간으로 하는 복지 체제를 구축해야 한다.[11]

11 김낙회 외, 《경제정책 아젠다, 2022》, 21세기북스, 2021, pp. 57~58.

코로나 대유행에 대응하는 과정에서 인공지능(AI), 사물인터넷(IoT), 로봇, 네트워크와 같은 4차 산업혁명적인 기술에 의해서 형성되는 새로운 형태의 글로벌 공급망이 형성되고 있다. 이에 따라서 산업구조도 빠르게 전환되고 있다.

이러한 경영환경 변화에 신속하게 대응하기 위하여 정부는 포괄적인 네거티브 규제(사전허용, 사후규제)로의 전환을 추진하고 있다. 신기술이나 새로운 비즈니스 모델 등 미래 먹거리 산업이 시장에 안착할 수 있도록 일정 기간 동안 기존의 규제를 면제하거나, 유예해 주는 규제 샌드박스(regulatory sandbox)가 여기에 활용될 수 있다.

규제 샌드박스 제도는 2015년 영국에서 금융 분야에 최초로 도입되었다. 우리나라는 2019년 7월 17일 '포괄적 네거티브' 체제로의 전환을 목표로 행정규제 기본법이 제·개정된 바 있다. 이에 따라서 현재 운영되고 있는 제도는 ① 규제가 있는지에 대한 신속 확인(30일), ② 규제가 모호하지만 안전성에 문제 없는 경우에는 임시 허가, ③ 규제로 금지되어 있더라도 안전성이 불확실한 경우에는 제한된 조건하에서 테스트 허용 등 세 가지 방법이 제시되어 있다.

제기되고 있는 규제개혁 과제를 하나씩 차례대로 해결하는 것은 거의 불가능하다. 규제와 관련된 상호 이해관계에서 연유된 진영 간의 이

념갈등이 심하기 때문이다. 그러므로 사회적 대타협이 필요하다. 우리나라는 IMF 위기를 극복하기 위해서 1998년 2·6 사회협약을 성공시킨 경험이 있다. 규제에 관련된 각 경제주체들의 이해관계를 탁상에 올려놓고 서로의 이해를 조정·타협하는 사회적 타협 과정을 거치는 것이 규제개혁을 실천하는 지름길이 될 수 있다. 예컨대, 규제 완화와 초과이윤 공유제를 맞바꾸는 사회적 타협을 통해서 저성장과 분배정의를 동시에 추구해 나가자는 것이다.

최근 들어 ESG(환경, 사회적 책임, 기업지배구조)에 대한 사회적 관심도가 크게 높아졌다. 코로나 충격을 계기로 ESG로 대표되는 비재무적 요소가 기업경영을 위험에 빠뜨릴 수도 있다는 사회적 공감대가 형성되었기 때문이다. 기업의 지속 가능성을 높이기 위해서는 기업의 신규 사업에 대한 투자 능력 등 재무적 요소뿐만 아니라, ESG로 대표되는 비재무적 요소의 중요성이 커졌다는 것이다. 이에 따라서 대부분의 대기업과 금융회사들은 ESG 위원회를 사내에 설립하는 등 바쁘게 움직이고 있다.

글로벌 시장에서 ESG 정보공시 의무화가 강화되는 것도 우리의 체계적인 대응이 필요한 이유다. 유럽은 2018년 근로자 500인 이상의 역내 모든 기업에 대한 ESG 정보공시를 의무화했다. 미국도 바이든 정부 출범 이후 ESG 공시 기준을 발표할 준비에 들어가고 있다고 한다.

우리나라는 ESG 중에서 특히 기업의 사회적 책임을 강조하는 S의 가치에 보다 집중할 필요가 있다. 국가 세수(稅收) 중에서 법인세는 20~25%를 차지하고 있고, 상위 10%의 기업들은 법인세의 70% 이상을 담당하고 있다. 그러나 국가경영에 기여하는 대기업의 엄청난 역할에도 불구하고 '경제적 집중' 현상에 대한 비난은 줄어들지 않고 있다.

왜 그런가? 대기업들의 동반상생경영 실적이 미미했기 때문이다. 우리나라 대기업들은 매출액의 약 1%를 사회공헌사업에 쓰고 있다고 한다. 봉사와 기부 같은 사회공헌 활동은 CSR(corporate social responsibility)에 속한다. 그러나 사회 문제 해결을 위한 기업의 활동이 CSR에 그쳐서는 안된다. 사회적 약자와 함께 경제적 이윤과 사회적 가치를 함께 만들어 공유하는 기업의 공유가치창출(creating shared value: CSV) 활동이 보다 활성화되어야 한다는 것이다.

최근에는 한국의 대기업들도 산하 협력업체들의 경쟁력을 향상시키기 위한 CSV 활동의 폭을 양과 질적인 측면에서 늘리고 있다. 이러한 CSV 활동의 결과가 드러나고 대기업의 '갑질 행태'가 사라지게 되면 규제 완화를 위한 사회적 대타협의 분위기는 자연스럽게 조성될 것이다.

Chapter 5

지속 가능한 사회안전망 구축

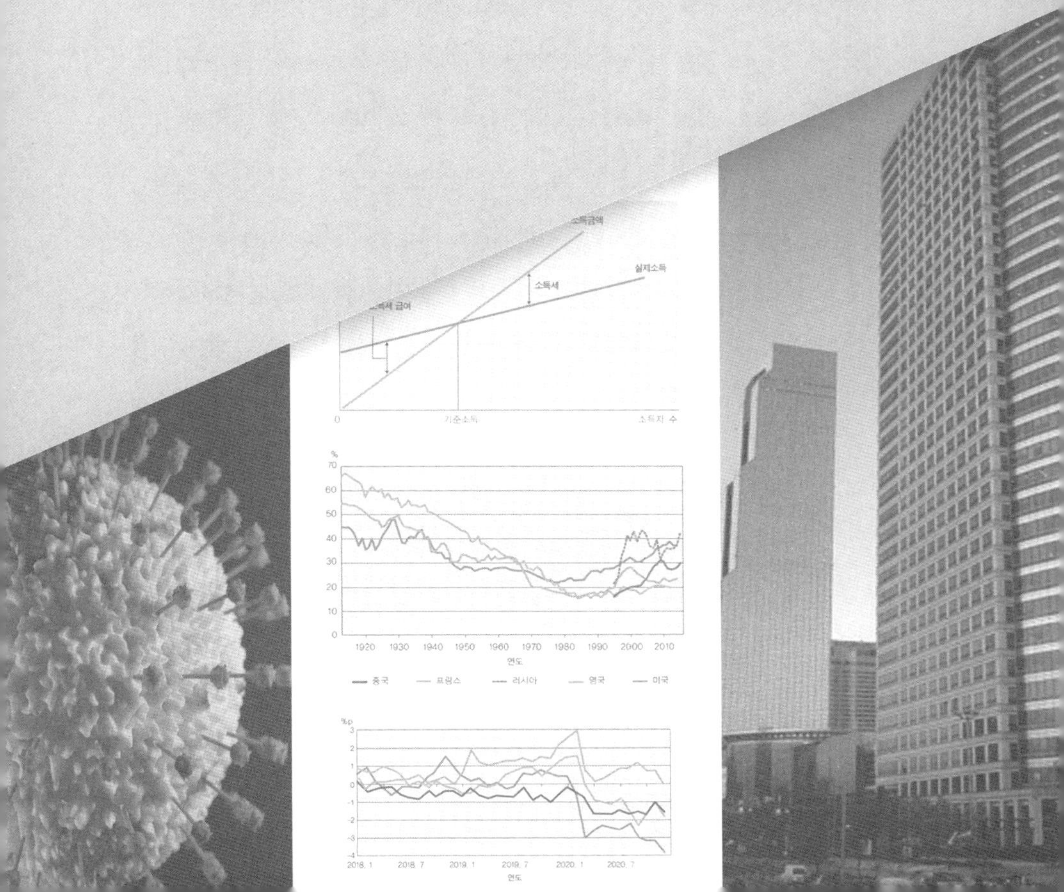

'분배정의 실현'의 재원 마련을 위하여, 문재인 정부는 소위 '핀셋 증세'를 통해서 소득세율을 40%에서 45%로, 종합부동산세도 2배 이상 높였다. 이 결과 GDP 대비 법인세와 재산세의 비중은 각각 3.8%와 3.3%로 OECD 평균(각각 3.3%, 1.9%)보다 높아졌다. 그러나 최저임금제는 노동자들의 임금을 올리기보다는 한계적 일자리를 없애는 결과를 가져왔다. 전 국민에게 고루 나누어 준 재난지원금은 오히려 소득 양극화를 심화시키는 결과를 초래했다. 노동 유연성을 키우기 위한 규제 완화보다는 새로운 규제를 양산해서 기업의 자유로운 경제활동은 더욱 옥죄어졌다.

문제는 성장이다. 성장으로 나눠 먹을 빵 덩어리를 더, 그리고 지속적으로 키워야 하기 때문이다. 성장지향적인 정책을 선택하되, 경제적 약자를 위한 지속 가능하고 튼실한 사회안전망을 함께 힘 모아서 구축해야 한다. 분배친화적인 성장 정책의 선택은 어렵다. 그러나 해내야 한다. 우리는 해낼 수 있다. 그래야 공정한 사회를 만들 수 있다.

자유로운 시장경쟁에 기반을 둔 성장과 분배 실현이라는 헌법정신을 살리는 길은 성장이냐 분배냐로 갈라선 두 진영 간의 사회적 대타협에서 찾아야 한다. 이를 통하여 튼실한 사회안전망을 구축해야 한다.

1. 정책실패의 현장

경제협력개발기구(OECD)는 공공정책을 선택할 때, 정책이 원하는 성과를 달성할 수 있다는 객관적인 증거가 있어야 한다고 강조하고 있다. 정책 효과를 미리 검증해 보라고 권하고 있는 것이다.

대규모 재정투입이 요구되는 공항건설사업에 대한 예타(예비타당성조사)를 실시하는 것도 검증의 한 방법이다. 효과를 검증하지 않고 국민 세금을 대규모로 투입했다가 사업이 실패하게 되면 피해는 국민들이 오롯이 지게 되기 때문이다.

문재인 정부는 2018년에 최저임금을 한꺼번에 16.4% 인상시켰다. 물론 최저임금 인상 효과에 대한 검증 과정은 생략되었다. 그리고 2019년에는 10.9% 더 올렸다. 2018년 7월부터는 사업장과 사업규모별로 시행시기가 다르긴 하지만, 주 52시간 근로제를 전국적으로 시행했다. 물론 사전 검증작업은 생략되었다. 이 결과 상시고용인력의 평균임금 대비 최저임금 수준은 최저임금제를 시행하는 OECD 28개 회원국 중에서 7번째로 높아졌다.

최저임금의 급격한 인상은 문재인 정부의 공약사항인 "임기 내 최저임금 시간당 10,000원 실현"을 이행하기 위해서였다.

최저임금 인상과 근로시간 단축은 코로나 충격이 더해지면서 앞장에서 살핀 바처럼 비정규직 근로자와 영세 소상공인의 삶을 피폐화시켰다. 양질의 일자리가 계속해서 줄어들고 있고, 우리나라 가계운영을 책임지고 있는 40대 연령층의 취업자 수는 계속해서 감소하고 있다.

우리나라에서 새로운 정책을 도입할 때, 실험을 통해서 그 효과를 검증하는 제도는 거의 없거나 작동되지 않는다. 대형 국책사업의 경우에는 예비타당성 조사가 시행되고는 있지만 이마저도 정치적 논리에 따른 면제조치가 남발되어 거의 유명무실한 상태이다.

2018년부터 규제 해소를 위한 규제 샌드박스제도가 도입되었다. 일정 지역과 조건하에서 새로운 사업 적용을 실험해 보는 정책실험 방법을 도입한 것이다. 실험을 통하여 부작용이 없고 경제 운영에 긍정적인 효과를 미쳤다고 판단되면 이를 바로 시행할 수 있도록 관련법령을 조속히 고쳐야 한다. 그러나 우리나라는 여기에서 딱 멈춰지고 만다. 실험만 하고 후속 조치는 지지부진한 것이 현실이다.

왜 이런 일이 벌어지고 있는가?

최저임금을 일거에 대폭 올리는 정책을 선택하는 조치는 정치 지도자가 용감하거나, 아니면 무모하기 때문이다.

판사, 검사, 변호사 등 법조인 출신 정치인들의 세계관의 중심에는 당연히 "법"이 자리잡고 있다. 그러나 법은 과거를 보지만 현실정치는 미래를 향한다. 법조인 출신의 정치인들이 미래 예상되는 일에 대해서 상상력이 부족하기 때문에 그들이 용감하게 선택한 정책이 무모했던 결과로 이어지고 있는 것은 아닐까?

소득 양극화 문제는 시장경제제도를 선택하고 있는 모든 나라에서 발생하고 있는 문제이다. 이를 해결하기 위해서 축적된 연구 결과도 많고 논의되고 있는 과제도 많다. 그러나 중요한 결론은 하나다. 시장경제 질서는 유용하다는 것이다. 그러므로 능력주의에 입각한 시장경제 질서의 운영 과정에서 나타나게 되는 소득 양극화 현상은 각 나라별 사정에 따라서 적절히 해소할 수 있는 최선의 방안을 찾아내야 한다는 것이다.

소득 양극화 문제를 야기하고 있는 중요한 문제 중 하나는 지역 간 불균형 성장의 심화 문제이다. 인구의 수도권 집중현상이 계속되면서 인구 감소로 인한 지방 소멸 우려도 커지고 있다.

노무현 정권 시절(2013)에 「국가균형발전특별법」을 제정하고 지역발전 예산을 따로 편성하여 현재까지 144조 원을 투입했다. 그리고 사라지는 지방 일자리를 확보하기 위해서는 공공기관의 지역 이전도 추진했다. 이에 따라서 2020년까지 153개 기관이 전국의 10개 혁신도시 등으로 이전했다. 문재인 정부는 KDB산업은행, 한국공항공사 등 122개의 공기업과 공공기관을 추가로 지방 이전을 추진키로 했다. 그러나 이러한 국토 균형 발전 계획의 추진에도 불구하고 지방 소멸 위험지구의 증가란 역설적인 결과로 나타나고 있다.

서울, 인천, 그리고 경기도를 합친 수도권은 우리나라 국토면적의 11.8%를 차지하고 있지만, 인구수는 2019년에 이미 절반을 넘어섰다. 수도권의 지역내총생산(GRDP) 규모도 국내총생산의 51.9%를 차지하고 있다. 매출액 기준으로 상위 100대 기업 중에서 86개 기업의 본사가 수도권에 자리하고 있고 70개 기업 본사가 서울에 있다.

기업의 수도권 집중도가 지나치게 높은 이유가 여기에 있다. 핵심적인 주력기업들이 수도권에 몰려 있으니까 자연스럽게 주변 협력기업들도 수도권에 자리잡을 수밖에 없다. 일자리가 수도권에 몰려 있으므로 수도권 과밀과 지방 인구 과소(過疎)현상이 계속되고 있는 것이다.

이에 따라서 소멸위험 지방이 크게 증가하고 있다.[1]

전국 228개 시, 군, 구 기준으로 계산된 소멸위험 지역은 2019년 5월 현재 93개소(전체의 40.8%)에서 2020년 4월에는 105개소(전체의 46.1%)로 증

1 소멸위험 지역은 20~39세 사이의 여성 인구를 65세 이상의 인구수로 나눈 위험지수가 0.5 이하인 지역을 말한다.

그림 5-1 과밀화되고 있는 수도권과 과소화되고 있는 지방

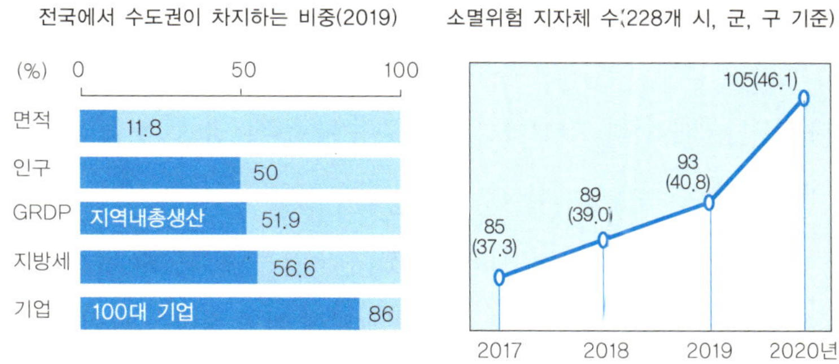

자료: 통계청.

가하고 있다(그림 5-1). 소멸위험 지역이라 함은 인구 감소로 인해서 30년 이내에 사라지게 될 위험성이 큰 지역이라는 의미이다.

교육환경의 지역 간 격차 또한 지방 소멸을 촉진하는 또 다른 요인이다.

현 정부의 한 고위 인사는 얼마전에 강남 집값 폭등 사태에 대하여 "모두가 강남에 살 필요가 있는가?"라고 반문하여 물의를 일으켰다.

1974년 고교평준화 이전까지만 해도 일류대학에 진학할 수 있는 일류고등학교는 모두가 공립고등학교였다. 실력 있는 교사들이 이들 학교에 몰려들어 똑똑한 제자들을 길러내었다.

그러나 이제는 학교수업만 열심히 하면 좋은 대학에 가는 것은 낙

타가 바늘구멍 통과하기보다 어려워졌다. 왜 강남 집값이 진정되지 않는가? 소위 족집게 학원 강사들이 이 지역에 밀집해 있기 때문이다.

문제의 근원은 공교육을 평준화시키고 수월성(秀越性) 교육을 포기한 데서 찾아야 한다. 학교마다 학생들의 학력격차를 인정하고 수준에 알맞는 교육을 진행했다면 강남의 집값이 이렇게 뛰지는 않았을 것이다. 미국에서는 지방의 소도시 소재 고교에서도 하버드, 예일 등 아이비리그 대학 합격생을 심심치 않게 배출한다. 공부 잘 하는 학생들에게 알맞은 수월성 교육을 진행하기 때문이다. 그러나 한국에서는 수월성 교육이 철저하게 외면당했다. 교사들의 노동조합인 전교조가 반대했기 때문이다. 수월성 교육은 학생뿐만 아니라 교사들도 열심히 공부하고 준비해야 한다. 그러나 월급을 더 많이 주는 것도 아닌데 왜 이 일을 해야 하겠는가? 전교조가 보편적 교육을 선호하는 이유가 여기에 있는 것은 아닌가?

덕분에 지방은 텅텅 비고 서울은 넘쳐나며 강남 집값은 오르기만 한다. 더구나 지방대학도 지방과 함께 소멸될 위험에 처해지고 있다. 2021년 신입생 추가모집 인원수는 4년제 대학 162개교에서 26,129명이었고, 이 중에서 91.4%가 비수도권 대학에서 나왔다. 대학교육연구소는 올해 입학정원이 유지될 경우, 2024년 미충원 인원은 10만 명에 달할 것이고 이 중 상당수는 지방대 몫이 될 수밖에 없다라고 전망하고 있다.

지방 소멸과 수도권 과밀화를 어떻게 조화시킬 것인가?

경제 양극화 해소와 함께 우리에게 주어진 중차대한 국가 현안 과제를 어떻게 풀어야 할 것인가?

2. 기본소득 논의의 배경과 논란 검토

현행 사회보장제도는 완전고용을 전제로 하여 고안된 제도이다. 노동시장은 유연한 수요와 공급의 상호작용에 따라서 균형임금과 고용 수준이 결정되고 일하고자 하는 모든 사람들은 일자리를 찾을 수 있게 된다. 실업보험은 단지 경기순환 과정에서 일시적으로 발생하는 불균형에 대처하자는 방안 중 하나일 뿐이라는 생각이었다. 그러나 완전고용이라는 전제는 현실적으로도 가능하지 않고 이미 무너진 개념이다. 대표적인 선진국인 EU 27개국의 실업률은 7.6%이고, 미국은 6.1%이기 때문이다. 여기에다 빅데이터와 인공지능을 갖춘 컴퓨터와 로봇에 의해서 제조업뿐만 아니라 서비스업 분야의 일자리마저 줄어들고 있는 4차 산업혁명 시대가 열리고 있다. 이에 따라서 새로운 환경에 적응할 수 있는 새로운 사회보장 시스템에 대한 사회적 요구가 커지고 있다. 이러한 사회적 요구에 의해서 제기된 것 중의 하나가 국민의 기본적인 소득을 보장해야 한다는 개념인 기본소득제인 것이다.

현행 복지제도의 기본 전제를 보면, 국민 복지 향상을 위해서 쓸 자원은 희소하지만 정부는 이를 효율적으로 배분할 수 있다는 것이다. 그러나 이 전제는 이미 설득력을 잃고 있다. 왜냐하면 미국 정부는 매년 2

조 달러 이상의 재정을 노후 보장과 빈곤 완화 등을 위해 지출하고 있지만, 빈곤층은 좀체로 줄어들지 않고 있기 때문이다. 정부의 복지정책 실패를 개선하기 위해서 복잡한 복지제도를 단순화하고, 관료들의 개입 축소를 도모하기 위해서 제안된 정책 수단 중의 하나가 기본소득 지불 아이디어인 것이다.[2]

과연 기본소득제는 바람직한 복지정책 수단인가?

여기에서는, 미국 적용을 위한 머리(Charles Murray, 1943~)의 기본소득제 안과 기본소득제의 핀란드 적용을 위해 2017년 초에 시행된 실험모형에서 비교 대상으로 사용된 안을 검토·요약하기로 한다.

머리의 계획은 기존의 모든 소득이전 프로그램과 그것을 관리하는 시스템까지 보편적 기본소득제(Universal Basic Income)로 대체되어야 한다고 주장한다. 이 계획의 핵심은 단순하다.

(1) 정부는 21세 이상의 모든 미국인에게 연간 총 1만 3,000달러의 수당을 매월 각자의 은행계정에 입금한다.(1만 3,000달러는 중위 개인소득의 절반에 해당함.)

(2) 이 중에서 3,000달러는 의료보험에 사용해야 한다.

2 Charles Murry, *In Our hands: A Plan to Replace the Welfare State*, The AEI Press, 2016.

(3) 3만 달러 이상 버는 사람들에게 지급되는 수당에는 10%에서 50%까지의 특별부가세(surtax)를 부과한다. 만약 6만 달러를 버는 사람일 경우, 50%의 특별부가세를 내고 나면 6,500달러의 수당을 받게 되므로 이 사람의 소득은 36,500달러가 된다.

만약 정치권에서 머리가 제안한 보편적 기본소득제도를 채택·시행했더라면 2014년도 기본소득 지급총액은 2조 5,800억 달러였다. 이 제도의 시행으로 중단되었을 기본 복지 프로그램들의 2014년도 실제 지출총액은 2조 7,700억 달러이므로 재정적으로 실현 가능한 제도라는 계산 결과도 머리는 책의 부록에 담아 놓았다.

그러나 복잡한 복지제도를 단순화하기 위하여 돈을 복지대상자에게 직접 지불하자는 기본소득제도는 국가 단위에서 채택된 적이 없다. 단지 여러 나라에서 다양한 검토와 적용 실험이 계속되어 왔지만 제안 형태로 남아 있는 아이디어 수준의 정책 수단 중 하나인 것이다.

북유럽 복지국가 핀란드는 현행 복지제도의 복지급여에 의존하는 소위 베짱이 증가 문제(복지병 환자)와 비대해진 관료제 문제를 해결하기 위하여 제안된 기본소득제 도입을 통한 복지제도 개선 연구를 2017년도부터 2년간 시행했다.

기본소득제의 실험모형(노령과 장애연금)을 결정하기 위해서 비교 대상으로 사용된 완전 기본소득제는 다음과 같은 내용이다.

(1) 정부는 연금수급자(노령과 장애연금)를 제외한 모든 18세 이상 핀란드 시민과 영주권자에게 월 1,500유로의 기본수당을 지급한다.

(2) 기본수당은 핀란드 사회보험(Kela)이 지급하는 연금 등 다섯 종류의 소득이전 프로그램[3]을 제외한 다른 복지급여들의 전부 또는 일부를 대체한다.

(3) 기본수당은 실질적으로 개인소득세 과세 대상에서 제외된다.

컴퓨터 시뮬레이션 결과, 기본소득이 대체하고자 했던 다양한 소득이전 프로그램의 대부분은 기본소득으로 대체되었다. 그러나 사회보험을 완전히 대체하기에는 역부족이었다. 소득에 연동된 실제 보험급여가 기본소득에 비해 훨씬 높기 때문이다. 그러나 기본소득제의 소득재분배 효과는 매우 컸다. 지니계수가 26.4에서 17.9(기본소득 1,500유로)로 감소했기 때문이다.

완전 기본소득제는 큰 재정부담 때문에 정치적 실현 가능성이 매우 낮다는 것이 핀란드 연구진의 결론이었다. 이에 따라서 기존 소득이전

3 복지공단 지급 연금, 아동급여와 수당, 장애급여, 주거수당, 학생주거비 보조금 등 5개 프로그램의 이전지출액은 핀란드 복지이전 지출총액의 40%에 해당한다.

프로그램의 일부만을 대체하는 낮은 수준의 부분 기본소득제(Partial Basic Income)를 적용하는 현장적용 실험이 핀란드에서 2017년과 2018년 동안 집행된 바 있다. 전국의 25~58세의 실업급여 수혜자 17만 5,000명 중에서 무작위로 선발된 2,000명의 대상자에게 매월 560유로씩 기본소득을 아무 조건 없이 지급하는 현장실험이다. 선정된 실험 대상자들은 수당을 받기 위해서 일자리를 계속 찾을 필요도 없고, 원치 않은 일자리나 훈련 제안을 거부할 수도 있으며, 새 일자리를 얻어서 소득이 발생해도 기본소득에는 아무런 영향이 없다는 조건으로 기본소득을 제공받는다.

이 실험의 중요한 목표는 부분적 기본소득제가 근로유인을 저해시킨다는 문제를 검증하는 것이었다. 그러나 2년간의 현장실험 결과는 고용 효과에는 큰 변화가 없는 것으로 나타났다. 기본소득제 도입을 반대하는 자들은 고용이 증가하지 않았다는 점에서 부정적으로 평가하는 대신에, 찬성론자들은 노동의욕이 저하되지 않았다는 점에서 긍정적인 평가를 내리고 있는 것이다.

정치권의 차기 대선후보들은 다양한 기본소득안을 경쟁적으로 제시하고 있다. 그러나 기본소득안에 대한 사회적 우려도 만만치 않다.

첫째, 부자에게도 기본소득을 준다는 것은 현재의 소득 양극화 현상을 완화시키기는커녕, 오히려 역진시키는 결과를 초래할 수 있다. 이미 문재인 정부가 실시했던 전 국민 재난지원금이 소득 양극화 현상을 더욱 심화시켰다는 결과를 국민들은 알고 있기 때문이다. 특히, 부자에게 용돈에 불과한 돈을 주면 생필품보다는 명품(가방이나 신발 등) 소비에 쓰게 된다. 사치품이 보다 수요의 소득탄력성이 높기 때문이다. 그러나 명품 소비가 늘어난다고 해서 어려운 영세 자영업자들의 형편은 결코 나아지지를 않는다.

둘째, 현재 시행되고 있는 기존 복지제도와의 중복 지원 문제를 비롯한 복지 프로그램의 정비 문제와 새 제도 시행에 따른 합리적인 재원 확보 방안에 대한 사회적 합의를 이루지 못하고 있다.

셋째, 국민들의 일하려는 의지(will to economize)를 장기적으로 훼손시킬 수 있다. 소위 북유럽의 복지병에 걸린 노동의욕 상실 문제가 그것이다.

우리나라는 돈도, 자원도 없는 절대빈곤 상태에서 오로지 '일하고 또 일하는' 근로정신 하나로 오늘날의 선진국 대열에 성공적으로 합류할 수 있었다. 지구상의 대표적인 복지국가로 꼽히는 북유럽 국가들이 당면하고 있는 가장 큰 문제 중의 하나는 소위 '복지병' 만연에 의한 일하지 않는 베짱이 증가 문제이다. 국민 모두에게 돈을 나눠 주는 기본소득은 국민들을 게으르게 만들고 힘든 일은 기피하게 만들어 많은 베짱

이로 전락시킬지 모른다.

월드컵에서 한국을 4강으로 진출시킨 히딩크 감독은 기자회견에서 "아직도 배가 고프다."라는 유명한 코멘트를 남겼다. 한국 경제는 앞으로 갈 길이 멀다. 아직도 배가 많이 여전히 고프기 때문이다.

'국민들의 일하려는 의지'가 사그라진다면, 우리도 재정위기 이후(2012) 남유럽의 그리스, 이탈리아 등의 나라들처럼 조상들이 남겨놓은 관광자원을 이용해서 외국인들이 던져 주는 팁으로 살아갈 수밖에 없을지도 모른다. 그렇다고 뭐 내세울 만한 관광자원이라도 충분한가?

기업들로 하여금 좋은 일자리를 계속해서 만들도록 독려하면서, 한편으로는 경쟁에서 뒤처질 수밖에 없는 '작고 낮은 자'를 위한 선택적 복지정책을 강화해 나가는 것이 과도한 세금 부담을 경감시키는 길이다.

공짜를 싫어하는 사람들은 없다. 한 표 한 표가 절실한 정치인들이 공짜복지에 집착하는 이유다. 그러나 공짜복지는 국민들을 병들게 하는 마약이다. 성장잠재력마저 통째로 거덜난 나라를 후손에게 물려주는 부끄러운 조상이 되어서는 안된다. 국민 모두에게 똑같이 나눠주는 보편적 복지정책은 지속 가능성도 없을 뿐만 아니라, 소득격차 심화 해소에는 전혀 도움이 안 되는 선심성 정책이라 비난받아 마땅하다.

3. 부(負)의 소득세 검토

밀턴 프리드먼(M. Friedman)은 미국의 큰 정부 시대를 작은 정부 체제로 전환시키는 이론적 바탕을 제공한 대표적인 경제학자였다. 기존의 소득이전 정책에 대한 문제의식에서 출발한 프리드먼의 부의 소득세(negative income tax) 제도의 목적은 세 가지로 요약된다.

첫째, 모든 가정에 최소한의 생계수단을 제공함으로써 빈곤을 완화시킨다.

둘째, 복지제도의 단순화로 방대한 복지관료 체계를 축소한다.

셋째, 국민들의 근로동기를 유지하게 한다.

이에 따라서 새로운 복지 프로그램의 수혜 기준은 오직 가난이어야 하고, 시장을 왜곡하거나 방해하지 않는 방식으로 작동해야 한다는 조건이다. 프리드먼의 부의 소득세 안을 요약하면 다음과 같다.

세금도 내지 않고 보조금도 받지 않는 기존의 면세점 소득을 Z, 실제소득을 Y, 소득이 0인 사람이 받을 수 있는 최대보조금, 즉 보장소득을 G라고 하면, 부의 소득세율 n = G/Z이고(프리드먼이 제시한 n = 50%였다.) 지급될 보조금(부의 소득세)은 N = n(Z-Y)이다.

예컨대, n이 50%이고 면세점 소득(Z)이 1만 달러라면 실제 소득이 0

인 사람은 5,000달러의 보장소득을 받게 된다. 실제 소득이 6,000달러인 사람은 면세점 소득과의 차액 4,000달러의 50%에 해당하는 2,000달러의 보조금을 받게 되는 제도이다. 즉, 기준소득(면세점) 이하의 국민들에게는 세금의 형태로 급여(부의 소득세 급여라 칭한다)를 지급하되, 소득금액이 증가하면 지급액은 차츰 줄어들게 되고, 기준소득을 초과하면 초과소득에 대한 세금을 내게 된다. 이에 따라서 소득세를 제외한 것이 실제 소득이 된다.

부의 소득세제가 적용되면 국민들이 받게 되는 실질소득은 그림 5-2에서 보는 바와 같이 실제 소득보다 완만한 기울기를 갖게 된다. 즉, 기준소득보다 낮은 사람들은 부의 소득세 급여로 보다 높은 소득을 받게 되고, 기준소득보다 높은 소득을 버는 사람들은 소득세를 공제한 보다 낮아진 소득을 벌게 되는 것이다.

부의 소득세제 도입으로 소득의 재분배가 자연스럽게 이루어질 수 있다는 것이다.

부의 소득세제 도입으로 중복된 지원이 이루어지는 기존의 사회보장제도는 폐지될 필요가 있다. 예컨대, 소득보장 목적의 현금 지원(고용, 산재보험)과 각종 사회수당(기초연금, 아동수단), 다양한 사회부조(기초생보, 생계급여) 등 기존의 복지정책이 그 대상이다.

그림 5-2 부의 소득세제도의 도입으로 인한 실제소득의 변화 효과

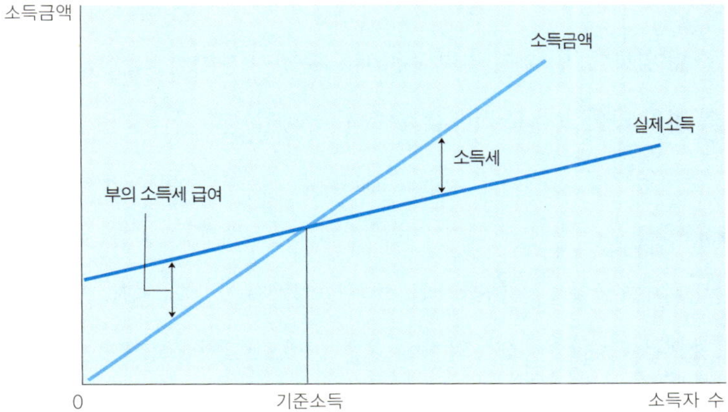

부의 소득세제의 핵심 과제는 ① 누구를 대상으로 하여, ② 얼마의 소득을, ③ 어떻게 지급하고, ④ 어떻게 재원을 마련할 것이냐로 요약할 수 있다. 여기에 대하여 경제정책 전문가 5인(김낙회, 변양호, 이석준, 임종룡, 최상목)이 공동 저술한 저서 《경제정책 어젠다, 2022》에서 설득력 높은 정책 실행 방안을 제시하고 있다. 이를 요약·정리하면 다음과 같다.

지급 대상

전 국민에게 개인별로 지급함을 원칙으로 한다. 가구 단위로 지급하는 것은 기초생활보장제도나 근로장학금(EITC)제도가 가구 단위로 제공되고 있다는 점에서 기존 제도와의 정합성을 확보할 수 있는 장점이 있다. 반면에 위장이혼에 의한 가족해체와 같은 도덕적 해이 문제를 야기할 수도 있다. 개인별 지급 방식은 제도 운영이 용이하고, 현행 소득세 제도의 변화 없이 그대로 적용할 수 있는 장점이 있다.

지급 금액

현행 기초생활보장 대상자의 경우 중위소득이 60% 이하 소득가구를 대상으로 하여 중위소득의 30% 수준을 한도로 지급하고 있다. 현행 기초생활보장제도를 흡수·통합하는 차원에서 대상 소득 및 부의 소득세 급여액을 동일하게 적용하는 것이 바람직하다.

2021년 현재 1인 가구 중위소득이 182만 원임을 감안할 때, 최저보장소득은 월 50만 원이 된다. 소득이 점차 증가함에 따라서 부의 소득세 급여액은 줄어들다 월 소득 100만 원(중위소득의 60% 구간)이 되면 지급이 중단된다.

이해를 돕기 위해서 소득구간별로 부의 소득세 급여액을 계산해 보면 다음과 같다. 소득이 전혀 없는 사람은 연간 600만 원(50만 원×12월)을 받게 된다. 소득이 연간 600만 원일 경우, 국가로부터 300만 원(25만 원×12월)을 받게 되고, 소득이 1,300만 원을 넘어서면 국가로부터 받는 급여액은 없어지는 대신에 정해진 세율에 따른 소득세를 내게 된다.

지급방법

지급방법은 행정비용을 줄인다는 측면에서 국세청에서 직접 지급하는 것이 보다 효율적이다. 지급 주기는 매월 지급하고 1년에 한 번 정산하도록 하는 것이 바람직하다.

지원 대상 및 소요 재원

부의 소득세 지원 대상은 육아 및 가사 담당자, 학생, 노인, 장애인 등 주로 소득이 없는 비경제활동인구이다. 여기에다 소득이 없거나 소득이 적어서 소득세를 내지 않는 무급종사자 등을 포함하면 총 1,910만 명이 월 50만 원씩을 지급받게 될 것이다. 소득금액이 1,200만 원 이하인 소득계층은 약 730만 명인데, 이들은 월 50만 원 이하의 부의 소득세 지원을 받게 된다.

재원 조달

현행 소득세제도 중에서 중복 지원의 소지가 있는 기본공제나 근로소득공제 등을 폐지할 경우, 부의 소득세제 도입을 위해서는 약 130조 원에 달하는 막대한 재원이 소요된다. 그러나 소요재원의 상당 부분은 조세개혁과 재정개혁을 통해서 약 120조 원이 확보 가능하다고 판단되므로 대규모의 증세(增稅) 없이도 제도의 도입이 가능하다고 분석하고 있다.

부의 소득세 수혜 국민

경제활동인구 중에서 소득이 없거나 소득세를 내지 않는 저소득층을 포함하여 약 1,910만 명이 월 50만 원씩 지급받는 대상이 된다. 소득금액이 1,200만 원 이하인 약 730만 명의 소득계층은 1인당 월간 최대 50만 원까지 지급받게 된다. 소득금액이 1,200만 원을 넘는 소득계층 2,320만 명은 소득세가 약 72만 원 적어지는 혜택을 누리게 된다. 왜냐하면 1인당 1,200만 원까지 소득공제를 받을 수 있도록 제도가 설계되어 있기 때문이다.

부의 소득세제는 일정 소득 수준 이하의 가난한 국민들에게 지급되며, 지급액도 개인별 소득 수준에 따라서 달라지게 된다. 기존의 복지제도 중에서 기본공제나 근로소득공제와 같은 혜택은 폐지되어 부의 소득세로 통합된다. 그러나 기본소득제도는 모든 국민에게 똑같은 금액의 기본소득을 주되, 기존의 복지제도는 그대로 둔 채, 기본소득 금액만 단계적으로 높여 나가는 정책 구상을 가지고 있다.

전 국민에게 동일하게 나눠 주는 보편적 복지를 추구하는 기본소득제와 저소득층을 대상으로 하여 가난 정도에 따라서 차별적인 복지 혜택을 나눠 주는 선별적 복지를 추구하는 부의 소득세제의 근본적 차이가 여기에 있다. 그러나 기존의 복지정책을 폐지하는 대신에, 부의 소득세제를 도입하는 것은 기존 복지 프로그램의 수혜자를 비롯한 기득권층의 반대를 극복해야 한다는 장애가 도사리고 있다. 실제로 프리드먼이 제안한 부의 소득세를 중심으로 한 복지정책 개혁 계획은 미국 하원을 통과했지만, 상원의 벽은 넘지 못해서 부결된 바 있다.

경제적 성과는 공정과 자유만 있으면 얻을 수 있다. 하지만 함께 잘 사는 민주주의를 추구한다면 공정, 자유, 평등(복지)이 다 필요하다.

전통적으로 자유는 우파의 중심 가치이고 평등은 좌파의 중심 가치이다. 그리고 공정은 민주국가라면 모두가 추구해야 할 가치다. 공정한 경쟁구조를 강화하면서 진보진영은 경제활동의 자유화를 허용하는 대신에 의미있는 사회안전망을 얻어 내야 하고, 보수진영은 복지 지출 확대를 허용해 주는 대신에 경제활동의 자유화를 얻어야 한다. 이렇게 하면 우리 경제는 다시 번영할 수 있다. 어렵지만 불가능하지 않다. 이런 시스템을 갖추게 되면 오히려 우리가 선진국보다 더 잘할 수 있다. 우리 국민들이 우수하기 때문이다.[4]

4 김낙회 외 4인, 《경제정책 어젠다, 2022》, 21세기북스, 2021, pp. 18~19.

4. 한국형 안심소득제

한국형 안심소득제는 복거일, 김우택, 이영환, 박기성, 변양규 등 5인의 경제학자들이 제안한 한국형 선별적 복지정책이다.[5]

한국형 안심소득제의 제안 내용을 요약하면 다음과 같다. 4인 가구 기준으로 연간 5,000만 원 미만인 가구에게 현재소득(인정소득)과의 차액에 대한 40% 해당액을 안심소득으로 지불하는 것이다. 이 제도에 의해서 국가는 모든 가구(4인)에 대하여 적어도 2,000만 원(가구원 1인당 500만 원)을 안심소득으로 지불한다. 그러나 근로 또는 사업소득이 발생하면 그 소득과 기준소득과의 차액에 대하여 40%를 국가가 안심소득으로 지불한다. 예컨대, 가구소득 합계가 3,000만 원이면 기준가격(5,000만 원)과의 차액인 2,000만 원의 40%에 해당하는 800만 원의 안심소득을 국가로부터 받게 되므로 가구소득은 3,800만 원으로 증가하게 된다.

안심소득의 지급액은 연간 1가구당 456만 원, 1인당 169만 원을 정부에서 지원하는데 전체 가구 1,734만 가구의 47.3%에 해당하는 818만 가구가 수혜 대상 가구이다. 이를 위한 총지원금은 37조 3,000억 원인 것으로 제시되었는데, 여기에서 기초생활보상제도에 포함되어 있는 생계,

5 복거일 외 4인, 《기본소득, 논란의 두 얼굴》, 한국경제신문, 2017.

그림 5-3 안심소득제 시행으로 인한 빈곤층의 소득 향상 효과

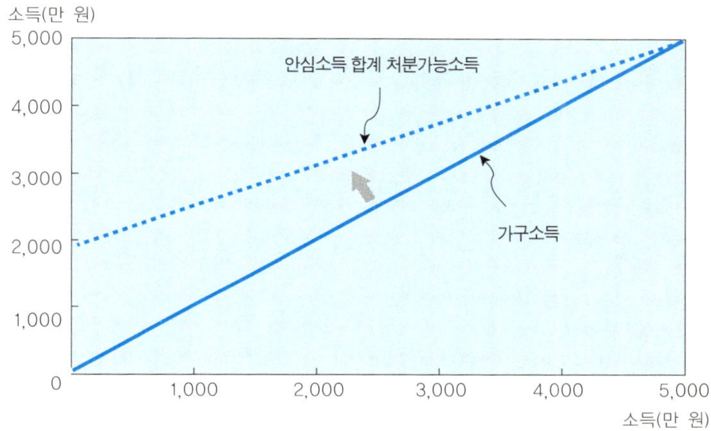

주거, 자활급여 등과 국세청의 근로·자녀 장학금 등 각종 사회적 수혜제도를 여기에 포함, 대체시킬 경우 24조 8,529억 원으로 소요재원이 줄어든다고 전망하고 있다.

안심소득제는 특정 가구의 소득이 일정 수준 이하일 경우 그 소득 격차를 일정 부분 국가가 지원하는 선별적 복지정책으로, 앞서 검토한 부의 소득세제도와 지향하는 바는 같다. 단지 지급 단위를 개인으로 하느냐(부의 소득세제), 아니면 가구 단위로 하느냐(안심소득세제)의 차이가 있다(그림 5-3).

부의 소득세제는 개인별 과세 방식을 취하고 있는 현행 소득세제도의 변화 없이 그대로 적용할 수 있는 유리성이 있다. 그러나 안심소득제는 경제적 동일체를 이루고 있는 가구 단위의 소득금액을 기준으로 하고 있기 때문에 가구별 소득 형평을 추구한다는 측면에서는 더 유리하다. 그러나 안심소득제가 가구 단위 지급 방식을 채택하고 있기 때문에 현행 소득세제와 별도의 안심소득제를 운영해야 한다는 점, 그리고 위장이혼 등으로 가족해체를 통하여 수급요건 확보를 위한 도덕적 해이 현상이 발생할 수 있다는 점이 우려된다. 특히 안심소득제는 기존의 복지제도를 크게 수정하지 않는다는 점에서는 유리성이 있지만, 복지제도를 단순화·효율화하기 위한 근본적인 개혁에는 한계가 있다.

어떠한 복지제도를 선택할 것인가 하는 문제는 국민적 합의를 거치는 게 필수요건이다. 보편적 복지제도를 선택할 것이냐, 아니면 선택적 복지정책을 선택할 것이냐 하는 문제는 컴퓨터 모의실험(Simulation) 방식 등에 의한 최소한의 정책실험이 이루어진 결과를 기반으로 하여 치열한 검정과 합의 형성 과정을 거치는 것이 필요하다. 그 다음에는 재원 확보 문제와 행정상의 비용 절감과 편의 정도 등이 함께 고려되어야 지속 가능한 복지정책을 창조해 낼 수 있을 것이다.

5. 보수와 진보를 뛰어넘는 새로운 길

보수는 성장을 지향하면서 산업화 세대가 중심에 있고, 진보는 평등을 지향하면서 민주화 세대가 중심에 있다. 이들은 정권을 주고받으면서 우리나라를 이끌어 왔다. 그러나 보수도, 진보도 아닌 36세의 청년이 공정을 앞세우면서 보수정당의 대표로 선출되는 그야말로 혁명적인 변화가 정치권에서 시작되고 있다.

문재인 대통령은 취임사에서 "기회는 균등하고 과정은 공정하며 결과는 정의로운 사회를 건설하겠다."고 약속했다. 국민들은 환호하고 기대했지만 이 약속이 그들만의 리그에서나 통용된다는 것을 깨닫기까지 오랜 시간이 걸리지 않았다. 국민들은 좌절하고 절망하고 있다.

무엇보다도, 노동시장의 이중구조에 국민들은 좌절하고 분노한다. 2020년 12월 현재 취업자 수는 2,652만 명이었다. 이 중에서 임시근로자와 일용근로자는 559만 명이고, 사내하청 또는 파견근로자 등을 합치면 비정규직 근로자 수는 700만 명에 육박한다. 여기에다 영세자영업자 수까지 합치면 총취업자의 40%에 해당하는 1,000만 명이 비정규직이다. 비정규직의 임금은 정규직의 40% 수준에 불과하고, 이 중에서 절반 정도는 사회보험의 혜택도 못 받고 있다. 기업과 노조를 설득해서 비정규직 문제를 해소해 나가겠다는 정부의 공동선(common good) 추구적인 정치의 모습이 무력화되어 실종해 버렸기 때문이다.

'청와대의 일자리 상황판'은 어디로 치워졌는가?

특히, 청년세대들은 어려워진 좋은 일자리 찾기 때문에 절망하고 있다. 한국은행의 발표에 의하면 금년(2021) 1분기 실업률은 4.4%인데, 이 중에서 15~29세 청년층의 실업률은 평균 실업률의 두 배가 넘는 9.2%라고 한다. 공정한 경쟁기회마저 힘 있는 자들에 의해서 훼손되고 있는 사례마저 돌출되고 있어서 청년들은 분노하고 있다. 청년들의 절망과 분노 앞에 성장을 주장하는 보수나, 분배를 앞세우는 진보나 설 자리를 찾기 어려워진 것이다.

이제는 정치가 바뀌어야 한다. 케케묵은 '성장' 담론이나 '분배' 담론에서 벗어나서 국민들의 삶의 현장에 스스로 뛰어들어 이리저리 부딪히면서라도 이해당사자 간의 '상생협약'을 정치권이 이끌어내야 한다.

우리 기업들은 최근에 지구상 최대의 경제대국인 미국에 대규모적인 투자를 결행하고 미국 대통령의 감사인사를 거듭해서 받을 정도로 비약적인 성장을 했다. 이제는 성장의 열매를 우리 국민들, 특히 '작고 낮은 자'들과 공유할 때가 왔다. 기업의 고속성장을 가능하게 했던 요인 중의 하나가 '작고 낮은 자'의 지속적인 기여와 공헌이었다는 점을 기업이 스스로 밝히고 이들에게 성장의 과실을 나누겠다는 것은 얼마나 보람 있고 근사한 일이겠는가?

이를 위해서는 정치권이 나서서 기업의 목표를 '주주이익 극대화'에서 '이해관계자 상생'으로 바꾸도록 이끌어야 한다. 종업원, 협력업체, 소비자 및 지역공동체와 함께 번영하겠다는 주주 의지를 정관에 포함시켜서 기업의 윤리적 경영문화를 정착시키자는 것이다.

최근에 기업경영 문화가 ESG(환경, 사회적 책임, 지배구조) 경영으로 크게 바뀌고 있다. 여기에다 기업 이해관계자와의 상생경영이 새로운 기업목표로 자리 잡을 수 있도록 정치권이 당근과 채찍으로 유도한다면 한국형 상생경영 문화가 탄생할 수 있을 것으로 기대한다.

정치권이 해결해야 할 가장 큰 문제는 튼실하고 지속 가능한 '사회안전망' 구축 문제이다.

1997년 외환위기 이후 우리 경제의 저성장 추세는 계속되어 왔다. 이에 따라 비정규직 노동자와 조기퇴직 등이 경영관행으로 굳어졌다. 성장률 둔화는 좋은 일자리 창출 실패와 소득 양극화 현상마저 초래했다. 여기에다 코로나 쇼크와 4차 산업혁명적 기술의 적용 확대는 우리 사회의 '작고 낮은 자'의 삶을 더욱 어렵게 만들고 있고, 앞으로는 더욱 심해질 전망이다.

정치권에서는 기본소득 지급과 같은 다양한 복지정책을 다투어서 제시하고 있다. 그러나 국민 모두에게 똑같은 현금을 나눠 주겠다는 보편적 복지제도는 빈부 간의 소득격차를 줄이자는 것도 아니고, 납세자의 세금 부담만 키운다는 점에서 옳지 못한 선택이다.

그러므로 '가난한 사람'만을 대상으로, 가장 효과적인 소득 지원을 할 수 있는 선별적 복지제도를 시행함으로써 지속 가능한 사회안전망을 구축하는 것이 바람직하다. 더구나 이런 파격적인 복지정책 아이디어는 그 정책이 기대하는 효과에 대한 검증 과정을 아예 생략하고 있다. 포퓰리즘적인 정책 도입으로 인기는 누리되, 정책실패로 인한 사회적 비용에 대해서는 책임지지 않겠다는 태도와 다를 바가 없지 않는가?

문제는 새로운 복지제도를 뒷받침할 수 있는 재원 확보 문제이다. 정치권은 조세저항이 덜한 부유층을 대상으로 한 '부자 증세'를 선호한다. 문재인 정부 들어서 '핀셋 증세'라 불리는 소득세 최고세율 인상과 종합부동산세 및 법인세 인상들의 사례들이 그러하다.

그러나 가난한 자들만을 대상으로 하는 '사회안전망'을 구축하기 위해서라면 이 기회에 반드시 개선해야 할 것이 조세구조 개편이다.

첫째, 재정수요에 대한 보편적인 부담을 지자는 국민개세주의(國民皆稅主義) 원칙을 실현하기 위해서는 소득세의 비과세감면제도의 정비를 통해서 면세자 비율을 확 낮추어야 한다.

소득세를 한 푼도 내지 않는 과세 미달자는 무려 36.8%에 달한다. 국민 4명 가운데 1명 꼴이다. 제대로 복지 시스템이 작동하기 위해서는 사회적 연대감의 형성이 먼저 이루어져야 한다. 내가 낸 세금에 무임승차하는 사람들에게 어떻게 연대감을 느낄 수 있겠는가? 경제적 형편에 따라 단돈 1,000원이라도 소득세를 낼 수 있도록 바꿔야 한다. 그래야 가난한 사람들의 자존심도 살릴 수 있고 조세 저항도 완화시킬 수 있다.

둘째, 부가가치세율을 현행의 10%에서 OECD 평균(19%) 수준에 근접하는 수준으로 높여야 한다. 이 경우에도 복수세율 구조를 도입하여 부가세의 세율역진성을 해소해야 한다. 예컨대, 같은 자동차라도 소형차부터 중형차, 대형차 등 구분에 따라서 부가세율을 달리 적용하도록 해야 한다. 생필품과 사치품에 대한 세율도 차별화하는 게 바람직하다.

이 기회에 농산물에 대한 부가가치세 면제제도도 고쳐야 한다. 부가가치세의 국민총생산(GDP)에 대한 비중은 우리나라는 4.6%로 OECD 평균(7.0%)보다 훨씬 낮다. 모든 선진국에서는 농산물에 대한 부가세를 부과하고 있다. 이미 농촌에는 축산을 비롯한 기업형 농장들이 들어서고 있고, 이들이 구입하고 있는 농자재와 농용설비 등은 모두 부가가치세를 포함한 가격으로 거래되고 있다. 농민들은 식량안보로 대표되는 공익적 가치를 무보수로 생산하기 때문에 국가로부터 공익형 직불제 혜택을 받고 있다. 그러므로 경제적 형편에 따라서 소량이라도 농산물을 팔게 되면 부가가치세를 내야 하고 소액이라도 소득세를 내야 한다. 그래야 사회적 연대감도 커질 수가 있고 농자천하지대본(農者天下之大本)이란 자존심도 되찾을 수 있다.

셋째, 부유세라 일컬어지는 대기업과 고소득층을 위한 표적 증세는 그들이 기업 이해관계자와의 상생경영을 실행하는 조건부로 유보하는 것이 바람직하다.

코로나19가 몰고 온 변화의 바람은 이미 거세게 불고 있다. 대한민국 국민은 누구나 변화의 바람을 피해 가거나 외면할 수 없다. 변화의 바람을 타고 분배를 중시하는 한국형 자본주의 시대를 열어가야 한다.

마지막으로, 이 시대의 화두(話頭)로 떠오르고 있는 공정(公正)의 가치에 대해서 살펴보자.

오늘날 자본주의 시장경제 체제를 유지하고 있는 대부분의 국가가 당면하고 있는 사회 문제는 소득의 양극화 심화 현상이다.

이는 경쟁참여자의 능력에 따른 분배의 불공정이 누적된 결과로 해석된다. 이를 두고 마이클 샌델(Michal Sandel, 1959~) 교수는 '기회의 불공정' 현상부터 거론한다. 좋은 대학에 입학할 수 있는 자격부터 능력 있는 부모의 음모에 의해서 훼손되고 있는 사례를 들추면서 "내가 가진 재능과 사회로부터 받은 대가는 온전히 내 몫인가?"라는 질문을 우리에게 던지고 있다.

그는 "사람들이 오직 능력과 재능으로만 시장에 성과를 내밀 수 있다면 그것은 능력에 따른 자연스러운 서열화를 이루게 될 것이므로 기회가 진실로 평등한 사회에서 시장은 개개인에게 그들에게 합당한 몫을 제공할 것"[6]이라며 기회의 불공정이 능력주의에 대한 포퓰리즘의 반격을 초래했다고 지적했다.

우리나라에서는 문재인 대통령이 "… 과정은 공정할 것이다."라고 취임사에서 공정을 처음 거론했다. 그러나 그의 유체이탈(遺體離脫) 화법은 코로나 충격까지 가세하면서 나라 빚과 빈부격차가 동시에 증가한 최악의 결과로 나타났다. 대통령은 과정을 공정하게 하기 위해 어떤 노력을 했을까?

6 마이클 샌델, 《공정하다는 착각》(*Tyranny of Merit*), 미래엔(주), 2020, pp. 111~112.

대선주자로 회자되고 있는 윤석열 전 검찰총장을 상징하는 가치 역시 공정이다. 그는 검찰총장직을 물러나면서 "우리 사회가 어렵게 쌓아 올린 정의와 상식이 무너지는 것을 더는 볼 수 없다"면서 법 앞의 공정과 헌법정신을 강조했다. 그러나 경제민주화 실현을 위한 관련 법률과 제도의 개선 방향 등은 여전히 안갯속이다.

이준석 국민의힘 대표가 강조하는 가치는 공정한 경쟁이다. 여성이든, 남성이든, 나이가 많든 적든 능력에 따라 경쟁하고 대우받는 공정을 강조하고 있다. 그의 공정 요구는 정치판의 기득권 담합(談合) 정치로 '끼리끼리' 문화가 빚어내고 있는 위선적인 능력주의에 대한 저항으로는 그 가치가 인정된다. 그러나 능력주의가 지배하는 시장경쟁의 결과가 경제 양극화로 귀결되고 있다는 점에서, 경쟁 결과를 공정하게 조정할 수 있는 방안에 대한 고민의 깊이가 더해져야 비로소 좋은 지도자 반열에 설 수 있을 것이다.

시장경쟁 체제하에서의 경쟁은 경쟁참여자의 능력에 따라서 경쟁의 결과가 결정된다. 그러나 능력은 경쟁참여자 자신만의 것이라기보다는, 대물림되거나 왜곡될 수도 있다. 이 때문에 '개천에서 용 나는 일'은 더욱 어렵게 되어 있다는 거다. 예컨대 강남의 학원에서 과외공부를 해야 소위 SKY 대학에 입학할 수 있다면, 그러나 집값이 너무 높아진 강남으로 이사오기가 어려워져서 지방대학에 다닐 수밖에 없었다면, 그래서 평균 수준 이하의 삶을 살아갈 수밖에 없게 되었다면 이 사람의 불행에 대해서 사회가 져야 할 책임은 어떤 정도가 될까?

그래서 경쟁의 결과는 공정하지 않을 수도 있다. 불우한 사람들이 자신의 불우함에 얼마나 책임을 져야 하느냐 하는 1980년대 복지국가 관련 논쟁을 뛰어넘어서라도, 그 자신의 실수 때문이 아닌 일로 불우해진 사람들을 사회공동체는 도와줄 수 있어야 한다.

그러므로 정부가 나서서 왜곡(歪曲)될 수 있는 분배 결과를 바로잡는 일에 나서야 한다. 물론 공정한 경쟁이 진행되도록 규칙을 만들고 반칙과 불법행위도 차단해야 한다. 국민들이 분노하고 있는 기울어진 운동장을 바로 잡아야 한다. '승자가 독식하는 경쟁판'이나 '그들만의 리그'로 상징되는 기득권 카르텔, 부와 사회적 지위의 대물림 등의 불평등 현상이 불공정의 문제로 확산되어 불만과 사회갈등이 쌓여 가는 현상을 막아내야 한다. 그렇다고 해서 불평등 문제 때문에 경쟁 자체를 터부(Taboo)시해서는 안된다. 시장경쟁에서 경쟁은 당연한 것이다. 경쟁을 통해 시장이 작동하고 사회 전체의 효율이 올라간다. 물론 시장이 늘 완벽한 것도, 경쟁이 늘 최선인 것만도 아니다. 요컨대 핵심은 '건전한 경쟁 생태계'를 만드는 데 있다.[7]

시장경쟁의 결과는 경쟁에 참여한 자들에 대한 분배로 이어진다. 불공정한 분배현상이 누적되었기 때문에 소득 양극화 현상이 일어나서 빈부격차의 심화로 인한 사회적 갈등이 깊어지게 된다. 불공정한 분배를 시정하기 위해서 정부가 시장경쟁 질서에 개입하게 되는데 우리가 자주 쓰는 공정이란 분배 결과의 공정을 가리킨다고 할 수 있다.

그렇다면 문재인 대통령이 취임사에서 밝힌 "과정은 공정할 것입니다"에서의 공정은 무슨 뜻일까? 여기에서 과정은 시장에서의 경쟁 과정을 의미한다고 볼 수 있으므로 마이클 샌델 교수가 강조하고 있는 경쟁참여 기회의 공정까지 포함된다도 할 수 있다.

그러나 현 정부하에서 기회의 공정은 가장 많이 훼손되었다. 고위공직자의 아빠찬스, 엄마찬스 사례는 물론이고 개발정보를 미리 빼내어 개발이익을 사유화한 LH 사태 등이 대표적이다. 그러므로 분배 결과의 불공정성을 바로 잡기위한 정책만으로는 부족하다. 경쟁기회의 불공정을 야기하는 원인을 제공하고 있는 교육기회의 불공정성, 지역 불균형 개발로 인한 지역 간 개발격차 등의 문제를 장기적인 안목으로 해결해 나가야 한다.

7 김동연, 《있는 자리 흩트리기》, (주)쌤엔파커스, 2017.

그럼에도 불구하고 날로 현저해지고 있는 '작고 낮은 자'의 가난을 해소하기 위한 적극적인 대책이 필요하다. 그것이 시대정신인 것이다.

이 책에서 강조하고 있는 '지속 가능하고 튼실한 사회안전망'이 국민들의 합의하에 구축되기를 간절히 바라는 이유다. 이를 위해서는 무엇보다 정치판의 혁신이 이루어져야 한다. 끼리끼리 문화에 찌들어 여기저기 눈치만 살피고 정치공학적인 표계산에만 유능한 앞장서고 있는 정치인들이 우리 사회의 장래를 열어갈 사회적 대타협을 이루어 낼 수 있을 것이라고 기대하기 어렵기 때문이다.

미래 세대는 투표권이 없기 때문에 미래 세대를 위해서라도 좋은 정치인들을 투표로 골라서 세워야 한다.

분배 결과의 공정성만을 해소하기 위한 싸움에서 이길 수 있는 정부는 없다. 기회의 공정성을 훼손하고 있는 교육, 지역균형발전 등에 관한 시책이 선행되거나 최소한 동시적으로 진행되어야 정책 효과를 극대화시킬 수가 있다.

튼실한 사회안전망을 갖춘 공정하고 성장잠재력이 높은 경제구조를 우리 후손에게 물려주어야 할 막중한 책무가 우리에게 주어져 있다. 국민이 먼저 변해야 한다. 그러면 정치의 모습도 당연히 변하게 된다.

참고문헌

관계부처 합동, 《코로나19 대응 및 경제활력 제고를 위한 10대 산업분야 규제혁신 방안(I)》, 2020. 4. 29.

국회예산정책처, 《사회보장정책분석》, 2020.

김낙회 외 4인, 《경제정책 어젠다. 2022》, 21세기북스, 2021.

김동연, 《있는 자리 흩트리기》, 쌤엔파커스, 2017.

김미곤 외 4인, 《한국의 사회보장제도》, 나남, 2018.

대런 애쓰모글루·제임스 A. 로빈슨, 《국가는 왜 실패하는가》, 시공사, 2012.

마이클 샌델, 《공정하다는 착각》(*Tyranny of Merit*), (주)미래엔, 2020.

마이클 포터·마크 크레이머, 《전략과 사회: 경쟁우위와 CSR 간의 연결》, 하버드비지니스리뷰(HBR), 2011.

머니투데이, 〈한국 기업제도경쟁력, OECD 37개국 중 26위〉, 2021. 4. 14.

밀턴 프리드먼, 《자유경제의 위기》, 매경문고 25, 1986.

복거일 외 4인, 《기본소득, 논란의 두 얼굴》, 한국경제신문, 2017.

성진근, 《영웅을 기다리며》, 황금물고기, 2017.

오마이뉴스, 〈악마와 천사, 차베스 시대 경제를 평가하다〉, 2013. 3. 11.

이정민·김대일, 〈2018년 최저임금 인상의 고용효과〉, 《2019 경제학 공동학술대회 논문집》, 2019.

정운찬, 《한국경제, 동반성장, 자본주의 정신》, (주)파람북, 2021.

조세희, 《난장이가 쏘아올린 작은 공》, 이성과 힘, 1978.

좌승희, 〈한국 경제 동반성장의 해법을 찾아〉, 《한국경제포럼》, 제8권 제2호, 한국경제학회, 2015 여름호.

페스트(네이버 블로그), https://blog.naver.com/mcm90/130004072844.

토마스 모어, 《유토피아》, 을유문화사, 2021.

토마 피케티, 《21세기 자본》, 글항아리, 2014.

통계청, 《국가 통계시스템》, 각 해당 연도.

한국 CKO연구소, 〈국내 71개 대기업집단의 해외계열사 현황〉, 2021.

헨리 조지, 《진보와 빈곤》, 비봉출판사, 2010.

현경대, 《신헌법》, 박문각, 1988.

황수경, 《한국의 재분배 선호와 정책결정》, KDI, 2019.

Facundo, Alvaredo, Lucas Chancel, Thomas Piketty, Emmanuel Saez, and Gabriel Zucman (World inequality lab), *World Inequality Report*, 2018.

Murray, Charles, *In Our Hands: A Plan to Replace the Welfare State,* Revised and Updated Edition, The AEI Press, 2016.